Über die Autorin:

Elizabeth Stratton wirkt seit 20 Jahren als spirituelle Heilerin und Lehrerin. 1977 gründete sie das TOUCHING-SPIRIT®-Programm, das einen 3-Jahres-Kurs in verschiedenen Heilweisen anbietet. Sie lebt mit ihrem Hund Star und ihren drei Katzen Psyche, Pearl und Cinder in Connecticut.

ELIZABETH STRATTON

Heilmethoden für Körper und Seele

Aus dem Amerikanischen
von Ursula Gail

Knaur

Die amerikanische Originalausgabe
erschien 1997 unter dem Titel »Seeds of Light«
bei Simon & Schuster, New York

Deutsche Erstausgabe September 1998
Copyright © 1997 by Elizabeth K. Stratton
Copyright © 1998 der deutschsprachigen Ausgabe
bei Droemersche Verlagsanstalt Th. Knaur Nachf., München
Alle Rechte vorbehalten. Das Werk darf – auch teilweise –
nur mit Genehmigung des Verlages wiedergegeben werden.
Umschlaggestaltung: Peter F. Strauss
DTP-Satz und Herstellung: Barbara Rabus
Druck und Bindung: Ebner Ulm
Printed in Germany
ISBN 3-426-86179-8

2 4 5 3 1

Für Charles und Francis Bowden.
Er pflanzte Lichtsamen in die Herzen vieler Sterne.
Jetzt leuchtet sein Stern hell im Herzen Gottes.

Inhalt

Kapitel 3
Geistige Selbstverteidigung 117

Kapitel 4
Ein neues Leben erschaffen 151

Einleitung
Samen von Heilenergie einpflanzen

Alles Leben auf der Erde ist aus einem einzigen Samen an Möglichkeiten gewachsen. Jeder von uns begann als befruchtetes Ei. Die Kräfte der Schöpfung leiteten unsere Entwicklung. Falls die Physiker sich nicht irren und das Universum ursächlich aus Lichtenergie besteht, dann sind wir alle winzige Lichtsamen in den Augen Gottes, unseres Schöpfers. Gottes Samen, dieses schöpferische Licht in uns selbst, hat jenes Ei zu einem Fötus verwandelt, zu einem Neugeborenen, einem Kind und zu einem Erwachsenen. Unser Körper schwingt mit dieser Lichtenergie, unser Herz schlägt mit seiner Liebe, unsere Seele steht in Wechselwirkung mit Gott. Und unser Geist hat die Macht, bei der Erschaffung neuen Lebens aus seiner Kraft mitzuwirken.

Dieses Buch der Heilmeditationen wird dir dabei helfen, Lichtsamen in deinen Körper, dein Herz und deine Seele und ins tägliche Leben zu säen. Auch das Heilen anderer Menschen wird dir so erleichtert.

Als Geistheilerin sehe ich mein Hauptanliegen darin, jedem Menschen dabei zu helfen, seinen inneren Heiler zu wecken: dieser Kombination aus physischer, emotionaler, mentaler und geistiger Energie, die Gott uns verliehen hat. Werden sie angewandt, dann wachsen diese Energien zu einer mächtigen Heilkraft zusammen, die das Immunsystem stärkt wie emotionale Wunden heilt. Außerdem schützt sie uns vor negativen Energien, eröffnet neue Lebensperspektiven und vertieft unsere Beziehung zu unserem Schöpfer. In den letzten zwanzig Jahren habe ich Heilmeditationen gelehrt, meinen Patienten, meinen Studenten, der Familie, meinen Freunden und sogar mir selbst. Jeder, der zu mir kam, und jeder Kurs, in dem ich unterrichtete, gaben mir Gelegenheit, eine Heilmeditation zu verwenden oder eine neue zu gestalten, die auf die jeweilige Situation zugeschnitten war.

Meditationsarten

Die meisten Formen der Meditation beruhen auf Vorstellungskraft. Die Imagination ist ein sehr nützliches Werkzeug. Wenn Leute Bemerkungen machen wie »das ist doch alles nur Einbildung« oder »das gibt's doch nur in deiner Phantasie«, dann meinen sie das abschätzig und wollen damit sagen, daß man sich einfach getäuscht hat. Doch unsere Vorstellungskraft ist das schöpferische Element schlechthin, mit dem wir den größten Teil unseres Lebens verbringen. Alles, was wir denken oder tun, stellen wir uns vor. Sobald mir Studenten in den Workshops meines Ausbildungsprogramms TOUCHING SPIRIT® erzählen, sie hätten Probleme mit ihrer Imagination und könnten sich nichts vorstellen, dann frage ich sie, was sie zum Frühstück gegessen haben. Das können sie mir immer sagen. Was hast du zum Frühstück gegessen? Wieso weißt du es? Weil du es vor dir siehst, nicht wahr? Die Erinnerung ist zugänglich durch Bilder. Wenn du die Hand ausstreckst und ein Glas Wasser greifen willst, was macht das möglich? Zuerst hast du Durst, dann kommt der Wunsch zu handeln, und das Bild eben dieses Glases mit Wasser entsteht. Dieses Bild wird von deinem Gehirn durch das zentrale Nervensystem in deinen Arm und deine Hand geleitet. Diese Übertragung eines Bildes in Energie und Handlung ermöglicht erst, das Glas Wasser zu greifen.

Dieser Vorstellungsprozeß *ist* diese Imagination und kann bewußt gesteuert werden, um zu heilen. Wird die Vorstellungskraft durch bestimmte Bilder angeleitet, dann spricht man von *geführter Imagination*. Beginnen wir eine Meditation mit einer bestimmten Absicht und lassen dann zu, daß aus unserem Unbewußten in freiem Fluß Bilder und Informationen aufsteigen, nennt man das *schöpferisches Visualisieren*.

Die hinduistische wie buddhistische Überlieferung der Meditation zur Öffnung der Energiezentren (Chakren) und die damit verbundenen veränderten Bewußtseinszustände gehören genauso zur inneren Heilung wie das jüdisch-christliche Gebet und die Kontemplation, um die Verbundenheit mit Gott zu stärken. Auch die von Dr. Carl Simonton in den siebziger Jahren angewandte geführte Imagination, um Krebskranken zu helfen, ergänzt die vielen Arten und Techniken innerer Heilung.

Die wohl bekannteste ist die *Entspannung*: Man schließt die Augen, atmet tief ein und entspannt nach und nach alle Muskeln. Manchmal senkt sich auf diese Weise sogar der Blutdruck, Kopfweh und Migräne verschwinden, Körperschmerzen lassen nach, und ein allgemeines Gefühl des Wohlbefindens tritt ein. »Tiefenentspannung« ist gleichzeitig auch eine gute Meditation, bevor man mit irgendeiner anderen anfängt. Sie beruhigt den Verstand und erzeugt einen Zustand tiefer innerer Ruhe, was Meditationen immer wirkungsvoll macht.

Dann gibt es die Meditationen, die ich *öffnende* Meditationen nenne: Sie öffnen gewisse Energien im feinstofflichen sowie physischen Körper. Der *feinstoffliche Energiekörper* ist das unsichtbare Energiefeld im und um den physischen Körper. Er wird auch als *Ätherkörper* bezeichnet und ist das elektromagnetische Feld der Lebenskraft, das uns am Leben erhält. »Die Chakren durch Farbe öffnen« führt unsere Bewußtheit zu den sieben Energiezentren im feinstofflichen Energiekörper. Sind diese Zentren auf irgendeine Weise eingeschränkt, so kann die Energie nicht in einem ausgeglichenen und gesunden Muster fließen. Dieser Zustand führt schließlich zur körperlichen und emotionalen Erkrankung. Die Meditation leitet unsere Bewußtheit zu diesen Zentren und hilft, das Fließen feinstofflicher Energien in den Chakren und zwischen ihnen einzuleiten.

Eine andere Möglichkeit ist die *Erkenntnis*-Meditation: jede Art von meditativem Prozeß, der neue sowie heilende Einblicke in einen bestimmten Zustand oder Problem bringt. Zum Beispiel kann man »mit dem Körper kommunizieren«, mit einem Körpersymptom oder einer Krankheit die Rolle tauschen. Und sogar einen Dialog beginnen, um es oder sie besser zu verstehen. Diese Kommunikation schafft neues Verständnis für den Ursprung einer Krankheit und dafür, was zu ihrer Heilung notwendig ist.

Affirmationen sind positive Aussagen, die zusammen mit

einer *geführten Imagination* helfen, negative Überzeugungen in lebensbejahende zu verwandeln. Bei den Affirmationen der »Geistigen Selbstverteidigung« beginnt man mit dem Visualisieren einer altbekannten oder sich immer wieder wiederholenden Situation, in der man glaubt, verletzt worden zu sein. Man verwandelt dann dieses Gefühl des Verletztseins durch neue positive Aussagen und Bilder in die Vorstellung, geschützt zu sein.

Bei der *Achtsamkeits*-Meditation geht es darum, genau darauf zu achten, was man im Augenblick fühlt oder tut. Man läßt zu, die körperliche, emotionale, mentale wie spirituelle Wirklichkeit so bewußt wie möglich zu erfahren. Der Verstand wird beobachtet, was er tut und was er denkt. Die Emotionen klären sich, die man fühlt. Alle Empfindungen im Körper finden Beachtung. »Auf dem Berg sitzen« führt dich zum Beispiel in einen tiefen Zustand geerdeter Bewußtheit, dein einziges Ziel ist, sich des gegenwärtigen Augenblicks so bewußt wie möglich zu werden. Die auf *ein einzelnes Ziel gerichtete* Meditation ist eine bestimmte Art der Achtsamkeits-Meditation, bei der die Aufmerksamkeit auf einen einzigen Punkt gesammelt wird, wie etwa den Atem oder eine Kerzenflamme. Das übt den Verstand, sich zu konzentrieren.

Reinigungs-Meditationen haben das Freigeben unerwünschter Gefühle, Gedanken und Energien zum Ziel. Sowohl »Blockaden aufspüren und loslassen« als auch »fremde Energien loshaken« sind Reinigungs-Meditationen, die geführte Imagination und Erkenntnis-Meditation miteinander verbinden, um sich zu reinigen.

Viele Meditationen sind einfach technische Kombinationen. Jede Meditation, bei der etwas visualisiert werden soll, ist auch eine Meditation geführter Imagination, wie zum Beispiel bei der »Selbstheilung«: Man sieht förmlich, wie der eigene physische Körper sich von der Krankheit zur Gesundheit hin bewegt. Indem man in eine Erinnerung direkt hineingeht, um die Gefühle zu spüren, die dort verankert sind, und neue Erkenntnisse über sie erhalten möchte, übt man eine sensorische Meditation, verbunden mit einer Erkenntnis-Meditation. Sobald diese drei Strategien zusammenwirken, wie in »die schwache Stelle finden«, erlebt man die Erinnerung an eine Situation durch eine geführte Imagination. Sensorische Bewußtheit erhält durch das Wiedererfahren der Gefühle und ihrer Wirkung auf den Körper neue Erkenntnisse und Einblicke durch entstehende Zusammenhänge. Manchmal verdeutlichen sich diese durch vorsichtige, gezielte Fragen während dieser Meditation.

Stärkungs-Meditationen sind so aufgebaut, daß man von diesem unerwünschten Zustand der Schwäche und Verwundbarkeit hinüberwechselt in eine Verfassung, in der man sich als stärker, gesünder und kraftvoller erfährt. In unserer Zivilisation werden viele Menschen ständig von anderen Leuten bedrängt sowie mit Lärm, Verkehr, Umweltverschmutzung und sich schnell bewegenden Bildern bombardiert. »Die Aura stärken« ist eine Meditation geistiger Selbstverteidigung, bei der das Gefühl gestärkt wird, klare und deutliche Energiegrenzen zu besitzen. Das führt zu seelischer Ruhe und Geborgenheit.

Der Zweck der Meditation

Diese Meditationstechniken beabsichtigen, dir dein Innenleben bewußt zu machen. Diese Außenwelt ist nicht die einzige Welt, die existiert. Gleichgültig, was für eine Religion du hast, gleichgültig, welchem geistigen Weg du folgst – diese Meditationen helfen dir, einen tieferen Ort der Heilung in dir selbst zu erreichen. Viele Religionen und geistigen Pfade verfolgen letzten Endes ein gemeinsames Ziel: die Bewußtheit, daß es wichtig ist, dem Leben in dir Aufmerksamkeit zu schenken. Und wir durch das Erwekken und Berühren dieses inneren Lebens eine tiefere und bedeutungsvollere Beziehung zu uns selbst und unserem Schöpfer haben. Es ist sogar möglich, dadurch Erleichterung von eigenen Leiden zu erfahren und tiefes Mitgefühl wie auch Frieden zu erleben.

Die Meditationen dieses Buchs sind in fünf Kapitel eingeteilt: »Den Körper heilen«, »Vergebung«, »Geistige Selbstverteidigung«, »Ein neues Leben erschaffen« und »Anderen helfen zu heilen«. In den mehr als zwanzig Jahren, die ich die Kunst und Wissenschaft geistigen Heilens ausgeübt habe, sind diese fünf Themen meiner Erfahrung nach für Menschen bei ihrem Heilungsprozeß am wichtigsten. Falls unser physischer Körper krank ist oder schmerzt, wollen wir, so bald wie möglich, sofortige Erleichterung und dauernde Heilung. Deshalb habe ich dieses Kapitel an den Anfang gestellt. Während des allgemeinen Heilungsprozesses entdecken wir jedoch sehr häufig hinter den Symptomen tiefere Verletzungen unseres Herzens. Geraten wir mit Menschen, die wir lieben oder die uns etwas angehen, in

Konflikt, so kann dies Lebenskraft abziehen, die für die Heilung gebraucht wird. Durch Vergebung setzen wir diese emotionale Energie frei, so daß sie an unserer körperlichen Heilung mitwirkt. Der nächste Schritt ist, dafür zu sorgen, unseren Heilungsprozeß und entstehende neue Energien zu schützen. Werden wir bedrängt von einer Welt voller Leute, Lärm, Umweltverschmutzung, Verbrechen und entsetzlicher Nachrichten, dann wird es schwierig, die Integrität unserer eigenen Grenzen zu bewahren. Man könnte dies mit einer Wunde vergleichen, die verbunden wird, um sie vor Krankheitserregern und Verletzung zu schützen. Eine geistige Selbstverteidigung schützt uns vor den negativen Energien unserer Umgebung, so daß wir so wirkungsvoll wie nur möglich heilen können. Indem wir diesen einzelnen Heilschritten folgen, entdecken wir oft, daß wir die Richtung wechseln, unsere alten Verhaltensmuster auflösen und ein neues Leben für uns erschaffen müssen. »Ein neues Leben erschaffen« enthält Meditationen, die uns dabei helfen. Hast du erst einmal die Selbstheilung erfahren, die diese ersten vier Kapitel bieten, fühlst du dich vielleicht bereit, Trost, Fürsorge, Mitgefühl und Heilenergie den Menschen zu geben, die du liebst oder mit denen du beruflich zusammenarbeitest. »Anderen helfen zu heilen« liefert dir geführte Meditationen und Übungen, die du dabei verwenden kannst.

Die Meditationen der einzelnen Kapitel sind so angeordnet, daß du den größten Nutzen hast, indem du sie der Reihe nach machst. Natürlich kannst du sie auch nach Belieben üben. Aber ich glaube, du wirst entdecken, daß jede auf der vorangegangenen aufbaut und du sie dann doch in der vorgeschlagenen Reihenfolge machen wirst, um für dich den größtmöglichen Heileffekt zu erzielen.

Jedes Kapitel enthält eine Vielfalt von Meditationstechniken: *Entspannung, Erkenntnis, Reinigung, Stärkung* und so weiter. Du hast Gelegenheit, die Themen auszuwählen, die du für die vorteilhaftesten hältst, und festzustellen, wie du auf die verschiedenen Techniken reagierst. Jedes der fünf Kapitel beginnt mit einer Einleitung. Und jede Meditation bringt eine kurze Beschreibung über ihren Zweck und wie man mit ihr umgeht.

Falls du nicht gewöhnt bist zu meditieren, ist es hilfreich, mit »Tiefenentspannung« zu beginnen, die du ein- oder zweimal am Tag eine Woche lang machen solltest. Lies die Meditationsbeschreibung ganz durch, ehe du anfängst. Schließ dann die Augen, und verfolge die Entwicklung. Schließ die Augen.

In der zweiten Woche möchtest du vielleicht zusätzlich eine Meditation deiner Wahl ausüben oder die vorangegangene durch eine neue Meditation ersetzen. Hältst du dich an die gegebene Reihenfolge, so ist die nächste Meditation »Die Chakren durch weißes Licht öffnen«. Es ist unbedingt ratsam, neue Meditationen am Wochenende oder an einem freien Tag auszuprobieren, bis du weißt, wie du auf sie reagierst. Manche Meditationen wirken leicht und angenehm, andere wiederum schwierig oder schmerzhaft. Wählst du zum Beispiel »Mit Verlust umgehen«, weil du dein Herz vom Verlust eines geliebten Wesens heilen möchtest, stellst du vielleicht fest, daß man sie am besten abends oder an einem Wochenende ausführt, da hast du dann die Zeit, deine Gefühle zu verarbeiten.

Die Meditationen, die starke Emotionen hochbringen, heilen oft am gründlichsten, obwohl die Menschen anfangs versucht sind, sie zu meiden. Es ist unbequem und verursacht sogar Angst, eine Emotion zu verspüren, die lange Zeit unterdrückt wurde. Deshalb neigen wir dazu, jene Gefühle ins Unterbewußte abzuschieben, mit denen wir nicht wirksam oder leicht umgehen können. Falls bei irgendeiner Meditation schmerzliche Gefühle hochkommen, ist es vielleicht nützlich, bei jemandem Rat oder Hilfe zu holen. Solltest du dich schon in psychotherapeutischer Behandlung befinden, dann hast du schon einen sicheren Hort, an dem du deine Gefühle auskundschaften kannst. Stehst du einem Seelsorger wie Pfarrer, Priester oder Rabbi nahe, so vermag auch dieser Hilfestellung zu leisten. Manchmal braucht ein Mensch auch nur eine mitfühlende Seele, die zuhört. Welchen Weg du auch wählst, wichtig ist, bei jedem schmerzlichen oder Angst erzeugenden Gefühl, das auftritt, Hilfe zu suchen. Dabei wirst du langsam feststellen, daß diese Gefühle deutlich hochsteigen und herauskommen. So kannst du sie heilen und diese Heilung in dein Leben integrieren.

Das Meditieren

Je mehr du meditierst, um so leichter wird es. Du stellst vielleicht auch wie viele fest, wie angenehm, entspannend und zutiefst friedvoll eine Meditation sein kann. Ehe du anfängst, solltest du einen ruhigen Ort in deinem Haus oder in deiner Wohnung wählen, an den du dich zum Meditieren zurückziehen kannst. Viele Leute ziehen es vor, diesem Zweck einen ganzen Raum zu weihen, doch sehr viele wählen eine Ecke ihres Schlafzimmers oder Arbeitszimmers. Ein bequemer Stuhl, ein Kissen oder ein Stück Teppich ist alles, was man braucht. Vielleicht möchtest du diese Meditationsecke friedlicher und spiritueller gestalten, indem du einen kleinen Tisch mit einer brennenden Kerze vor dich hinstellst und im Hintergrund eine leise und angenehme Musik abspielst. Die Kerze kann dir helfen, dich zu beruhigen. Ein paar Sekunden langer Blick in die Flamme genügt, ehe du anfängst. Vielleicht möchtest du auch einen bedeutungsvollen Gegenstand auf den Tisch legen, der dich mit deiner Religion oder deinem geistigen Weg verbindet: ein Kreuz, einen Sechsstern, das Foto eines Gurus zum Beispiel. Du wirst wie viele andere im Lauf der Zeit noch andere Gegenstände auf den Tisch legen: eine Muschel von einem Spaziergang am Meer oder einen Quarzkristall, den dir jemand geschenkt hat.

Ist deine Meditationsecke eingerichtet, mußt du eine Tageszeit wählen, zu der du nicht gestört werden wirst. Der frühe Morgen, ehe die anderen aufgestanden sind und herumrumoren, ist häufig die beste Zeit. Du kannst »Selbstheilung« wegen körperlicher Beschwerden machen oder »Die Aura stärken«, ehe du zur Arbeit gehst.

Auch der Abend kann für eine Meditation günstig sein. Du wirst entdecken, daß eine Meditation gleich nach deiner Rückkehr von der Arbeit dir hilft, die täglich auftretenden Spannungen freizusetzen. Eine meiner Studentinnen übte jeden Abend »Sich von Bindungen befreien«, so daß sie alle negativen Energien ihres Arbeitstages freigeben konnte. Falls du Kinder hast, wirst du feststellen, daß die günstigste Zeit für Meditation ist, wenn sie im Bett sind. Am Abend zu meditieren oder kurz vor dem Zu-Bett-Gehen, bewirkt einen tieferen und friedlicheren Schlaf. Solltest du Einschlafschwierigkeiten haben, wirst du bald merken, daß »Tiefenentspannung« oder »Heilaffirmationen« helfen, mühelos hinüberzugleiten.

Jede Meditation aus den ersten vier Kapiteln kannst du einem Freund, einem Familienmitglied oder einem Patienten vorlesen. Willst du bei jemandem eine Heilung durch einfaches Handauflegen machen, so kannst du »Handauflegen« aus Kapitel fünf entnehmen. Mit Ausnahme der »Fernheilung« sind, wie du feststellen wirst, diese Übungen und Meditationen so gestaltet, daß sie mit mindestens zwei Personen ausgeführt werden können. Durch einfaches Vorlesen bist du in der Lage, einen Prozeß zu steuern, der bei den Teilnehmern intuitive Sensibilität und Heilenergien anregt.

Liest du die Meditation jemandem vor, sollte der andere sich bequem hinsetzen oder -legen, Arme neben dem Körper, Beine ausgestreckt, und die Augen schließen. Du mußt langsam sprechen, die Stimme soll auf den Hörer beruhigend wirken. Achte darauf, daß du nach jedem Absatz zehn oder zwanzig Sekunden Pause machst, damit der andere Zeit hat, die Anweisungen oder Vorschläge zu verarbeiten. Nach den sechs Punkten eines Absatzes hältst du jedesmal fünf Sekunden inne. Bis du dich an den Vorleserhythmus gewöhnt hast, solltest du für das Timing eine Uhr benutzen. Die ersten paar Mal lesen viele zu schnell, ohne es zu merken. Was dem Vorlesenden übertrieben langsam erscheint, kann für den Zuhörer genau das richtige Tempo sein.

Als wichtigstes gilt immer zu bedenken, eine Meditation sollte das Potential haben, den Heiler in dir und anderen zu wecken. Heilmeditationen sind während einer ärztlichen Behandlung wertvolle ergänzende Hilfen. Doch benutze sie bitte nicht an Stelle einer ärztlichen Behandlung. Meditieren trägt mit dazu bei, körperlich, emotional, mental wie geistig zu heilen. Du brauchst nur eine Meditation auszuwählen, dich hinzusetzen und deine Augen zu schließen!

Kapitel 1

Den Körper heilen

Wir sind alle eine Verkörperung von Geist. Alle sind wir Geschöpfe Gottes. Die meisten von uns werden völlig gesund in eine ganz und gar nicht perfekte Welt geboren. Wir sind Bakterien ausgeliefert, Viren, Umweltverschmutzung und Lärm und auch dem Streß der Arbeitswelt und der eigenen Familie. Manche Menschen haben Gene, die sie für Krankheiten einfach anfälliger machen. Angesichts all dieser negativen Faktoren, die auf uns einwirken, würden wir doch gern wissen, wie wir so lange wie möglich gesund bleiben können und wie wir von Symptomen und Krankheiten genesen, wenn wir von ihnen erfaßt werden.

Die Meditationen dieses Kapitels sollen dir helfen, deinen Körper auf neue Art zu erfahren. Du wirst sogar feststellen, daß du mehr als nur einen Körper hast. Zusätzlich zu der Ansammlung von Zellen, die deinen physischen Körper bilden, verfügst du auch noch über einen *Ätherkörper* oder feinstofflichen Energiekörper. Dieser besteht aus der Lebenskraft, dem Energiefeld, das dich am Leben erhält. Naturwissenschaftler begreifen nicht genau, woher er kommt oder wohin er geht, doch für einen Menschen mit spiritueller Sichtweise ist offensichtlich, daß wir mehr sind als nur die Summe unserer Zellen und unserer Chemie. Zellen und Chemie, diese Bausteine unseres Körpers, sind immer noch vorhanden, wenn jemand stirbt, doch der Geist ist nicht mehr da.

Genau dieser Geist ist es, der im Tempel unseres Körpers lebt und an seinem Gesundheitszustand so großen Anteil hat. Der Ätherkörper besteht aus den *Chakren* oder fein-stofflichen Energiezentren. Das Wort Chakra ist Sanskrit und heißt »Rad«. Es bezieht sich auf die Zentren aus Licht und feinstofflicher Energie in unserem Äther- oder auch feinstofflichen Energiekörper. Die *Kundalini*-Energie ist die Bewegung dieser Energien durch unser Rückgrat, durch unsere Chakren und *Nadis*, die inneren Kanäle zu beiden Seiten der Wirbelsäule.

Für die meisten Menschen ist der feinstoffliche Energie-körper unsichtbar, doch gerade diese Anordnung von Licht-energie ist es, die unseren physischen Körper mit Lebens-kraft versorgt. Aus dieser Energiesubstanz sind wir zusam-mengesetzt. Feinstoffliche Energien formen das Lebens-feld in und um den Körper. Es ist dieser *Astralleib* oder Seelenkörper, der sich im Gegensatz zum Ätherkörper im Schlaf, bei Operationen oder traumatischen Erlebnissen wie beispielsweise einem Autounfall von dem physischen Körper lösen kann. Die Leute berichten oft, wie sie bei sol-chen Erlebnissen ihren eigenen physischen Körper ange-schaut und beobachtet haben.

Hindus und Buddhisten setzen seit Jahrtausenden die Cha-kren bei Meditation und Yogaübungen ein. Die Chakren sind Zentren der Lichtenergie. Angefangen vom Basischa-kra am unteren Ende der Wirbelsäule, das eine dichtere, wärmere, schwerere Schwingung hat und mehr mit der Erde verbunden ist, bis hin zum Kronenchakra oben auf dem Kopf, das eine leichtere, feinere, schnellere Schwingung hat und mehr mit dem Himmel verbunden ist. Zu jedem Chakra gehört ein bestimmter Ton, eine bestimmte Qualität, Körpergegend oder -organ, Tier, Nahrung, Stein, Planet oder auch eine bestimmte Farbe. Die Farben reichen von Rot bis Violett, genau wie beim Lichtspektrum. Hier folgt eine einfache Beschreibung der sieben Hauptchakren, wie ich sie bei meiner Arbeit erfahren habe:

Farbe	Qualität, Energie	Betroffene Körpergegend
1 Rot	Überleben, Erden, Sicherheit	Steißbein, Beine, Knie, Knöchel, Füße, Haut, Dickdarm, Knochen
2 Orange	Sexualität, Hellfühlen, kreative Lebensenergie	Fortpflanzungsorgane, unterer Rücken, Blase
3 Gelb	Wille, Motivation, Vitalität	Verdauung, Magen, Leber, Galle, Blase, Pankreas, Milz, mittleres Rückgrat, Nieren, Nebennieren, Darm
4 Grün	Liebe, Mitleid, emotionales Mitgefühl	Herz, Thymus, Brüste, Lungen, oberer Rücken, Schultern, Arme, Hände
5 Blau	Selbstausdruck, Kraft, Hellhören	Kehle, Schilddrüse, Hals, Kiefer, Zähne, Ohren
6 Indigo	Vision, Sensitivität, Hellsehen, Telepathie	drittes Auge zwischen den Augenbrauen, Zirbeldrüse, Hirnanhangdrüse, Augen
7 Violett	Geistiges Bewußtsein	Schädeldecke, Gehirn, Kopfhaut, Haar

Sind die Chakren offen und untereinander ausbalanciert, so ermöglichen sie den freien Fluß feinstofflicher Energie durch den ganzen Körper. In der chinesischen Akupunktur, die jetzt auch von der westlichen Medizin anerkannt wird, gibt es Energiemeridiane, die alle Organe, Nerven und Muskeln verbinden. Mit dem physischen Auge können sie nicht wahrgenommen werden, doch mit dem dritten Auge sieht man ihre Energie. Mißt man den Puls eines Menschen oder steckt Akupunkturnadeln in bestimmte Körperstellen, so lassen sie sich fühlen. Auf ganz ähnliche Weise erschaffen diese Energien der Chakren in den ganzen feinstofflichen und physischen Körpern ein Energiesystem, das mit den Händen gefühlt und intuitiv gespürt werden kann. Obwohl diese spiralförmig sich bewegenden Energieräder stärker im Rumpf zentriert sind als die Meridiane, die vertikal durch Gliedmaßen und Rumpf verlaufen, so wirken sie doch auf alle Muskeln, Nerven und Organe. Die Chakren drehen sich im Zentrum des physischen Körpers und öffnen sich sowohl an der Vorderseite als auch an der Rückseite des Körpers zur Außenwelt. Manchmal kreisen sie im Uhrzeigersinn, manchmal auch in entgegengesetzter Richtung. Am besten läßt du deine Chakren die eigene Richtung wählen. Das erste Chakra, das Zentrum für Überleben, Sicherheit und Erdung, öffnet sich auch direkt hinunter zur Erde und verbindet uns mit ihr. Je mehr ich die eigenen Chakren abtastete, um so bewußter wurden mir die Energien am Körperrücken, die sowohl die Energien der Vergangenheit als auch die tragenden Energien von Körper und Seele enthalten. Tatsächlich ist die Vergangenheit, einschließlich vergangener Leben, die tragende Energie von Körper und Seele. Die Energien, die an der Vorderseite unseres Körpers aus den Chakren austreten und wieder in diese Seite zurückfluten, bewegen sich vorwärts. Sie verbinden uns mit Zukunft und Gegenwart, auch mit Menschen und Ereignissen unseres jetzigen Lebens.

Sobald ein Chakra geschlossen oder auf irgendeine Weise durch verdrängte Gefühle oder Erinnerungen blockiert ist, führt das zu körperlichen Symptomen. Ein Beispiel: Haben wir Angst, unsere Gefühle auszudrücken, dann ist uns die Kehle wie zugeschnürt. Das Kehlchakra ist das Zentrum für Selbstausdruck und verbale Kreativität. Wir verwenden das Bild vom gebrochenen Herzen, wenn wir von einem Liebesverlust sprechen, das Herzchakra ist das Zentrum der Liebe. Ist die Trauer groß und hält lange an, neigt das Herzchakra dazu, von diesem Schmerz so überwältigt zu werden, daß das physische Herz und der Zwischenrippenmuskel in der Brust in Mitleidenschaft gezogen werden können. Der Arzt einer Intensivstation, ein früherer Schüler von mir, erzählte, daß 80 Prozent der Patienten glauben, sie hätten einen Herzinfarkt erlitten, in Wirklichkeit läge aber nur eine Entzündung des Zwischenrippenmuskels vor. Der Gefühlsstreß war für diese Menschen so groß geworden und wurde derart in Herzchakra und Brust gespeichert, daß er sich zu einem schmerzhaften und beängstigenden Körpersymptom auswuchs.

Setzen wir uns mit unseren Emotionen auseinander, sobald sie auftreten, statt sie in unserem Körper zu unterdrücken, so können wir häufig diese Körpersymptome verhindern.

Die Immunsystemforscher Candace Pert und Margaret Kenemy haben bewiesen, daß wir tatsächlich körperlich spüren, was wir emotional fühlen. Wir stärken die Abwehrreaktion unseres Immunsystems im Körper, indem wir diesen Gefühlen sofort Ausdruck verleihen. Je mehr die Naturwissenschaften über die Zusammenhänge zwischen Körper, Gefühlen und Gedanken entdecken, desto mehr müssen sie feststellen, daß diese mit vielen mystischen Überlieferungen aus Ost und West übereinstimmen.

Mit den Chakren haben wir eine Möglichkeit, eine Krankheit zu behandeln oder ihr vorzubeugen, indem wir sie offenhalten und die Energie in ihnen fließen lassen, wie das in den Meditationen »Die Chakren durch weißes Licht öffnen« und »Die Chakren durch Farbe öffnen« gezeigt wird. Solltest du mit der Chakra-Meditation erst anfangen, ist es vielleicht einfacher, das weiße Licht zu verwenden. Bist du dann mit der Visualisierung von weißem Licht vertraut und fällt sie dir leicht, kannst du als nächstes die Farben einsetzen. Durch diese Meditationen erkennen wir auch, welche Chakren offen sind und welche Chakren Emotionen und Erinnerungen festhalten, mit denen wir uns auseinandersetzen müssen. Die meisten Menschen haben zwei oder drei Chakren, die körperliche, emotionale, mentale oder geistige Symptome bewirken. In »Blockaden aufspüren und loslassen« kannst du eines dieser Chakren auswählen und dich gründlicher darauf einstellen. Am Schluß dieser Meditation wirst du mehr Erkenntnisse darüber haben, auf welche Weise du deine Energie und Emotionen blockierst.

Die Meditation »Chakraführer« ist auch eine Möglichkeit, deine Chakren zu verstehen. Bei Kindern ist sie besonders beliebt. Sie verwendet Phantasiegespräche mit animalischen Lebensberatern oder Verbündeten, wie sie im Schamanismus bezeichnet werden. So bekommen wir eine Vorstellung davon, in welchem gesundheitlichen und energetischen Zustand sich jedes Zentrum befindet. Ein Erwachsener vermag die ganze Meditation durchzuführen, doch die meisten Kinder unter zehn Jahren werden wahrscheinlich nur für ein, zwei oder drei Chakren die entsprechende Konzentration aufbringen.

Falls eine Vorbeugung nicht möglich war und ein Körpersymptom, Beschwerden oder Krankheit bereits da sind, kannst du »Mit dem Körper kommunizieren« verwenden. Bei dieser Meditation spielt der freie Fluß unserer Vorstellungskraft eine Rolle. Wir identifizieren uns mit den Beschwerden und unterhalten uns mit ihnen, als hätten sie einen eigenen Verstand, was ja bei einer Krankheit manchmal auch der Fall zu sein scheint. Es ist sehr wichtig, daß deine Imagination frei fließt, wenn du diesen Prozeß des Dialogs verwendest. Beurteile das Material nicht, das zum Vorschein kommt. Versuche auch nicht, es zu verändern, selbst wenn dir manches lächerlich erscheint. Betrachtet man die Dinge genauer, kann das zu wertvollen Erkenntnissen führen. Am Schluß von »Mit dem Körper kommunizieren« hast du wahrscheinlich eine bessere Vorstellung davon, wie du dir selbst helfen kannst, gesund zu werden. Als ich die Meditationen »Sein Gesicht zurückgewinnen« und »Seinen Körper zurückgewinnen« entwarf, hatte ich dabei eine bestimmte Freundin im Kopf. Ihre Mutter hatte ihr als Kleinkind die Beine zusammengebunden und sie ans Kinderbett gefesselt, damit sie nicht hinauskonnte. Sie hatte eine Menge Wut und Verkrampfung in den Beinen. In der Meditation konnte sie die Erinnerung durcharbeiten, auch die Emotionen, welche sie erweckte, und ihre Energie und Bewegung in ihren Beinen zurückgewinnen. Manche Menschen haben ähnliche Probleme mit ihrem Gesicht: Gesichtszüge, die sie an sich selbst nicht leiden können oder die sie an Vater oder Mutter erinnern.

Empfindest du körperliche Schmerzen, dann ist »Schmerzerleichterung« eine zutiefst entspannende und heilende Meditation. Du wirst sogar feststellen, daß du während dieser Meditation oder kurz danach in Schlaf fällst. Diese zusätzliche Wohltat gilt auch für »Heilung durch Farben«, »Heilaffirmationen« und »Selbstheilung«. Diese Meditationen haben das Ziel, den Körper in einen derart friedlichen Zustand zu versetzen, daß die Heilbilder und -affirmationen zu wirken beginnen und eigene Heilreaktionen des Körpers auslösen. Wie wir alle wissen, ist der Körper ein auf wunderbare Weise sich selbst heilender Organismus. Erlernen wir durch die Verwendung der Einbildungskraft seine Sprache und können wir so innere und äußere Konflikte beseitigen, dann geben wir unserem Hirn und Körper die Gelegenheit, sich an Heilanweisungen zu erinnern, die bereits Gott in uns angelegt hat.

Tiefenentspannung

Diese Meditation bereitet ausgezeichnet auf alle anderen Meditationen vor. Sie hilft dir, dich körperlich wie geistig zu entspannen, so daß du dich tiefer konzentrieren kannst. Du kannst sie auch durchführen, wenn du von der Arbeit nach Hause kommst oder bevor du schlafen gehst. Bist du noch voll angezogen, solltest du vielleicht die Schuhe ausziehen und deine Brille abnehmen sowie Gürtel oder Krawatte lockern. Diese Meditation kann im Sitzen oder Liegen ausgeübt werden, bei normalem oder gedämpftem Licht oder sogar im Dunkeln. Falls du dabei im Bett liegst und einschläfst, ist das sehr gut!

Nimm eine bequeme Position ein, entweder im Sitzen oder im Liegen. Die Arme sind nicht gekreuzt, die Beine nicht übereinandergeschlagen. Schließe die Augen. Atme einmal lang und tief ein und langsam wieder aus. Deine Atmung soll voll, tief und entspannt sein.

Während du von zehn bis null zählst, kommt dein Verstand zur Ruhe, und du wirst empfänglicher für die Weisheit deiner Seele und ihrer Heilkraft: zehn, neun, acht, sieben, sechs, fünf, vier, drei, zwei, eins, null. Jetzt bist du ganz tief entspannt.

Richte deine Aufmerksamkeit auf deine Zehen. Spüre, wie sie sich anfühlen. Wackle mit ihnen. Vielleicht verspürst du ein leichtes Kribbeln oder das Fließen von Energie. Laß zu, daß deine Zehen sich entspannen.

Laß zu, daß dieses Gefühl der Entspannung sich langsam bis in deine Füße ausdehnt.

Spüre, wie in die Fußrücken, die Seiten und die Sohlen ein sanftes Gefühl der Entspannung fließt.

Jetzt laß zu, daß dieses Gefühl zu deinen Knöcheln hochsteigt. Atme!

Laß das entspannte Gefühl weiter aufsteigen bis in die Waden, Zentimeter für Zentimeter.

Während du zuläßt, daß die Muskeln in den Waden sich entspannen, spürst du vielleicht ein Gefühl der Wärme, weil das Blut gleichmäßig fließt und die Nerven ruhig sind.

Laß das Gefühl der Entspannung langsam bis in die Knie steigen.

Der untere Teil deiner Beine ist jetzt völlig entspannt.

Du fühlst dich sehr wohl, und dein Atem wird tiefer und tiefer entspannt.

Laß zu, daß das Gefühl der Entspannung bis in die Oberschenkel hochsteigt.

Und weiter bis zur Leiste und Hüfte.

Spüre, wie Becken, Gesäß und unterer Rücken immer entspannter werden. Atme!

Der ganze untere Teile deines Körpers ist jetzt entspannt.

Alle Muskeln, Nerven und Organe sind in einem Zustand tiefer Entspannung.

Laß zu, daß dieses Gefühl tiefer Entspannung sich bis in die Magenmuskeln ausbreitet, in die Rippen und den mittleren Rücken.

Atme tief, während du fühlst, wie dein Solarplexus sich öffnet und entspannt.

Laß zu, daß dieses Gefühl der Entspannung hochsteigt in die Brust und ins Herz, in die Lungen sowie in den oberen Rücken.

Spüre, wie deine Schultern sich zu entspannen beginnen und das Gefühl sich durch die Arme bis in die Hände und Finger ausbreitet.

Laß zu, daß dieses Gefühl der Entspannung in deinen Nacken und in dein Kinn aufsteigt, in Mund und Gesicht. Laß den Unterkiefer etwas sinken.

Du kannst fühlen, wie sich alle Muskeln in deinem Gesicht und deiner Stirn entspannen, vor allem zwischen den Augenbrauen.

Dein Verstand ist ruhig, und du fühlst, wie deine Kopfhaut sich entspannt.

Dein ganzer Körper ist jetzt völlig entspannt; dein Verstand ist ruhig.

Laß deine Bewußtheit für ein paar Augenblicke deinen Körper erforschen, ob es noch Stellen gibt, die tiefer entspannt werden müssen.

Atme und geh in diese Stellen hinein und entspanne sie noch tiefer.

Bleib in diesem Zustand tiefer Entspannung, solange du möchtest. Sobald du bereit bist, die Augen zu öffnen, zähle von eins bis zehn: eins, zwei, drei, vier, fünf, sechs, sieben, acht, neun zehn.

Die Chakren durch weißes Licht öffnen

Chakren sind Energieräder in unserem feinstofflichen Körper, die Lebenskraft enthalten und verteilen. Durch das Öffnen dieser Zentren regen wir die Heilung in unserem feinstofflichen Energiekörper und auch in unserem physischen Körper an. Wir gleichen so unsere emotionale, mentale und geistige Bewußtseinsebene aus. Einmal drehen sich die Chakren im Uhrzeigersinn, dann wieder entgegengesetzt. Laß zu, daß jedes Chakra seinen natürlichen Rhythmus findet.

Nimm eine bequeme Position ein, entweder im Sitzen oder im Liegen. Die Arme sind nicht gekreuzt, die Beine nicht übereinandergeschlagen. Schließ die Augen. Atme einmal lang und tief ein und langsam wieder aus. Dein Atem soll voll, tief und entspannt fließen.

Während du von zehn bis null zählst, kommt dein Verstand zur Ruhe, und du wirst empfänglicher für die Weisheit deiner Seele und ihrer Heilkraft: zehn, neun, acht, sieben, sechs, fünf, vier, drei, zwei, eins, null. Jetzt bist du ganz tief entspannt.

Richte deine Aufmerksamkeit auf einen Punkt weit über deinem Kopf, hoch oben im Himmel, und verbinde dich mit der strahlenden, kraftvollen weißen Lichtenergie, die auf dich herabfließt.

Erfahre dieses weiße Licht, wie es um dich fließt und durch dich fließt und deinen Körper mit seinem Leuchten erfüllt.

Mit jedem Atemzug atmest du dieses Licht ein. Während es dich erfüllt und umgibt, durchdringt es dein ganzes Wesen und vereint sich mit dem Fluß an Lebensenergie, der bereits durch deinen Körper strömt.

Richte deine Aufmerksamkeit auf die Basis deiner Wirbelsäule, dort, wo sich das Steißbein befindet. Dies ist dein Wurzelchakra, dein Zentrum für Sicherheit und Erdung in dieser physischen Welt. Verbinde dich mit dem weißen Licht in deinem ersten Chakra, während es sich sanft in einer kreisförmigen Bewegung dreht.

Spüre, wie dieses weiße Licht als Energie durch deine Beine und Füße in den Boden fließt und dich mit Mutter Erde verbindet.

Nimm jede Empfindung und jedes Gefühl wahr, das auftaucht, während du dich mit der physischen Natur deines Körpers und Mutter Erde verbindest.

Dann laß zu, daß die Energie in deinem ersten Chakra allmählich in einer spiralförmigen Bewegung hinauffließt in das zweite Chakra, in dein Becken.

Dies ist das Zentrum der Sexualität und schöpferischer Lebenskraft. Während die Lichtenergie das zweite Chakra öffnet, dreht sie sich sanft in einer kreisförmigen Bewegung.

Nimm jede Empfindung sowie jedes Gefühl wahr, das auftaucht, während du dich mit deiner Sexualität und deiner schöpferischen Lebenskraft verbindest.

Laß die Energie aus deinem zweiten Chakra allmählich in einer spiralförmigen Bewegung in dein drittes Chakra hinaufströmen, zum Solarplexus, unterhalb des Brustkastens.

Dies ist das Zentrum körperlicher Willenskraft, Motivation und Vitalität. Während die Lichtenergie das dritte Chakra öffnet, dreht sie sich sanft in einer kreisförmigen Bewegung.

Nimm jede Empfindung und jedes Gefühl wahr, das auftaucht, während du dich mit deiner körperlichen Willenskraft, mit Motivation und Vitalität verbindest.

Jetzt laß die Energie aus deinem dritten Chakra in einer spiralförmigen Bewegung allmählich hinauffließen in dein viertes Chakra, in das Herzzentrum in der Mitte deiner Brust.

Dies ist das Zentrum der Liebe und des Mitgefühls. Während die Lichtenergie dein viertes Chakra öffnet, dreht sie sich sanft in einer kreisförmigen Bewegung.

Nimm jede Empfindung sowie jedes Gefühl wahr, das auftaucht, während du dich mit deinem Herzen verbindest.

Nun laß die Energie in deinem Herzchakra mit einer spiralförmigen Bewegung allmählich weiter hinaufströmen in dein fünftes Chakra, ins Zentrum deiner Kehle.

Dies ist das Zentrum des Selbstausdrucks. Während die Lichtenergie dein fünftes Chakra öffnet, dreht sie sich sanft in einer kreisförmigen Bewegung.

Nimm jede Empfindung sowie jedes Gefühl wahr, das auftaucht, während du dich mit deinem Selbstausdruck verbindest.

Nun laß die Energie aus deinem fünften Chakra in einer spiralförmigen Bewegung allmählich hinaufströmen in dein sechstes Chakra zwischen den Augenbrauen.

Dies ist das Zentrum innerer Sicht wie auch höherer Einsicht. Während die Lichtenergie das dritte Auge öffnet, dreht sie sich sanft in einer kreisförmigen Bewegung.

Nimm jede Empfindung sowie jedes Gefühl wahr, das auftaucht, während du dich mit deiner Fähigkeit, klar zu sehen, verbindest.

Nun laß die Energie im dritten Auge in einer spiralförmigen Bewegung allmählich hinauffließen in das siebte Chakra, auf den Scheitel des Kopfes.

Dies ist das Zentrum spirituellen Bewußtseins und direkten Wissens. Während die Lichtenergie das siebte Chakra öffnet, dreht sie sich sanft in einer kreisförmigen Bewegung.

Nimm jede Empfindung sowie jedes Gefühl wahr, das auftaucht, während du dich mit deinem spirituellen Bewußtsein verbindest.

Jetzt gestatte deiner Bewußtheit, alle deine Chakren abzutasten. Laß zu, daß du fühlst, wie die Energie sich in jedem Zentrum langsam im Kreis bewegt.

Sobald du das erste Chakra am unteren Ende der Wirbelsäule erreichst, verbinde dich wieder mit der Lichtenergie, die sich durch deine Beine und Füße abwärtsbewegt und dir das Gefühl gibt, geerdet zu sein.

Sobald du bis zehn gezählt hast, kannst du die Augen wieder öffnen: eins, zwei, drei, vier, fünf, sechs, sieben, acht, neun, zehn. Laß dir ein oder zwei Minuten Zeit, um dich daran zu gewöhnen, daß du wieder im Zimmer bist, und deine Augen offen.

Die Chakren durch Farbe öffnen

Diese Meditation ist die gleiche wie die vorangegangene Übung, nur mit einem Unterschied: Sie leitet dich an, bei jedem Chakra eine Farbe zu visualisieren. Das Visualisieren von Farben wird dir helfen, dein drittes Auge zu öffnen, das Zentrum innerer Sicht und höherer Einsicht. Die Lichtenergie durchläuft das Farbspektrum von Rot nach Violett, und die Chakren tun dies ebenfalls. Das erste Chakra an der Basis der Wirbelsäule, die Sicherheit, hat die langsamere, dichtere, wärmere Schwingung des roten Lichts. Das siebte Chakra am Scheitel des Kopfes, spirituelle Bewußtheit, hat dagegen die schnellere, leichtere, kühlere Schwingung des Violetts. Laß zu, daß du den Unterschied ständig spürst, während sich deine Bewußtheit durch alle sieben Chakren bewegt.

Nimm eine bequeme Position ein, entweder im Sitzen oder im Liegen. Die Arme sind nicht gekreuzt, die Beine nicht übereinandergeschlagen. Schließe die Augen. Atme einmal lang und tief ein, dann langsam wieder aus. Dein Atmen soll voll, tief und entspannt sein.

Während du von zehn bis null zählst, kommt dein Verstand zur Ruhe, und du wirst empfänglicher für die Weisheit deiner Seele und ihrer Heilkraft: zehn, neun, acht, sieben, sechs, fünf, vier, drei, zwei, eins, null. Jetzt bist du ganz tief entspannt.

Richte deine Aufmerksamkeit auf einen Punkt weit über

deinem Kopf, hoch oben im Himmel. Verbinde dich mit der strahlenden, kraftvollen, weißen Lichtenergie, die auf dich herabfließt.

Erfahre dieses weiße Licht, wie es um dich fließt und durch dich fließt und deinen Körper mit seinem Leuchten erfüllt. Mit jedem Atemzug atmest du dieses Licht ein. Während es dich erfüllt und umgibt, durchdringt es dein ganzes Wesen und vereint sich mit dem Fluß von Lebensenergie, der bereits durch deinen Körper strömt.

Richte deine Aufmerksamkeit auf die Basis deiner Wirbelsäule, dort, wo sich das Steißbein befindet. Dies ist dein Wurzelchakra, dein Zentrum für Sicherheit und Erdung in dieser physischen Welt. Verbinde dich mit dem weißen Licht in deinem ersten Chakra, während es sich sanft in einer kreisförmigen Bewegung dreht.

Während die Lichtenergie dein Wurzelchakra langsam öffnet, wird sie hellrot. Spüre die Energie und Schwingung dieses roten Lichts, während es sich sanft in einer kreisförmigen Bewegung dreht.

Fühle, wie diese rote Lichtenergie durch deine Beine hinabfließt, durch die Füße und in den Boden. Sie verbindet dich mit Mutter Erde.

Nimm jede Empfindung und jedes Gefühl wahr, das auftaucht, während du dich mit der physischen Natur deines Körpers und Mutter Erde verbindest.

Dann laß zu, daß die Energie in dein erstes Chakra in einer spiralförmigen Bewegung allmählich hinauffließt in das zweite Chakra, in dein Becken.

Dies ist das Zentrum der Sexualität und schöpferischer Lebenskraft. Während die Lichtenergie dein zweites Chakra öffnet, wird sie hellorange und dreht sich sanft in einer kreisförmigen Bewegung.

Nimm jede Empfindung und jedes Gefühl wahr, das auftaucht, während du dich mit deiner Sexualität und deiner schöpferischen Lebenskraft verbindest.

Nun laß die Energie aus deinem zweiten Chakra mit einer spiralförmigen Bewegung allmählich in dein drittes Chakra hinaufströmen, zum Solarplexus, unterhalb des Brustkastens.

Dies ist das Zentrum körperlicher Willenskraft, Motivation und Vitalität. Während die Lichtenergie dein drittes Chakra öffnet, wird sie hellgelb und dreht sich sanft in einer kreisförmigen Bewegung.

Nimm jede Empfindung und jedes Gefühl wahr, das auftaucht, während du dich mit deiner körperlichen Willenskraft, mit Motivation und Vitalität verbindest.

Jetzt laß die Energie aus deinem dritten Chakra in einer spiralförmigen Bewegung allmählich hinauffließen in dein viertes Chakra, das Herzzentrum in der Mitte deiner Brust.

Dies ist das Zentrum von Liebe und Mitgefühl. Während die Lichtenergie dein viertes Chakra öffnet, wird sie hellgrün und dreht sich sanft in einer kreisförmigen Bewegung.

Nimm jede Empfindung sowie jedes Gefühl wahr, das auftaucht, während du dich mit deinem Herzen verbindest.

Nun laß die Energie aus deinem Herzchakra in einer spiralförmigen Bewegung allmählich weiter hinaufströmen in dein fünftes Chakra, ins Zentrum deiner Kehle.

Dies ist das Zentrum des Selbstausdrucks. Während die Lichtenergie dein fünftes Chakra öffnet, wird sie hellblau und dreht sich sanft in einer kreisförmigen Bewegung.

Nimm jedes Gefühl wahr, das auftaucht, während du dich mit deinem Selbstausdruck verbindest.

Nun laß die Energie aus deinem fünften Chakra in einer spiralförmigen Bewegung allmählich hinauffließen in dein sechstes Chakra zwischen den Augenbrauen.

Dies ist das Zentrum innerer Sicht und höherer Einsicht. Während die Lichtenergie dein drittes Auge öffnet, strahlt sie in hellem Indigo oder tiefblau wie Lapislazuli und dreht sich sanft in einer kreisförmigen Bewegung.

Nimm jede Empfindung sowie jedes Gefühl wahr, das auftaucht, während du dich mit deiner Fähigkeit, klar zu sehen, verbindest.

Nun laß die Energie im dritten Auge in einer spiralförmigen Bewegung allmählich hinauffließen in das siebte Chakra, auf den Scheitel des Kopfes.

Dies ist das Zentrum spirituellen Bewußtseins und direkten Wissens. Während die Lichtenergie dein siebtes Chakra öffnet, wird sie hellviolett und dreht sich sanft in einer kreisförmigen Bewegung.

Nimm jede Empfindung sowie jedes Gefühl wahr, das auftaucht, während du dich mit deinem spirituellen Bewußtsein verbindest.

Jetzt gestatte deiner Bewußtheit, alle deine Chakren abzutasten. Während du jede einzelne Farbe siehst, laß zu, daß du fühlst, wie sich die Energie in jedem Zentrum langsam im Kreis bewegt.

Sobald du das erste Chakra am unteren Ende der Wirbelsäule erreichst, verbinde dich wieder mit der roten Lichtenergie, die sich durch deine Beine und Füße abwärtsbewegt und dir das Gefühl gibt, geerdet zu sein.

Hast du bis zehn gezählt, dann kannst du die Augen wieder öffnen: eins, zwei, drei, vier, fünf, sechs, sieben, acht, neun, zehn. Laß dir ein oder zwei Minuten Zeit, um dich daran zu gewöhnen, daß du wieder im Zimmer bist, und deine Augen offen.

Chakraführer

*Achte darauf, daß du eine der Meditationen zur Chakrenöffnung
gemacht hast, ehe du dich an dieser versuchst, damit du dich gut
auskennst und weißt, wo deine Chakren liegen und wie du mit
ihnen umgehen mußt. Laß deiner Einbildungskraft freien Lauf,
während du dir eines jeden Chakras bewußt wirst und des animalischen Leitbildes oder geistigen Beraters, den du dort antriffst.
Manchmal werden diese animalischen Wesen mit dir in Worten
sprechen, aber sie könnten sich auch ebensogut durch Bewegung,
Mimik oder Aktion ausdrücken. Diese Meditation macht Spaß
und steckt voller Erkenntnisse. Es ist sehr wichtig, daß du die
Dinge nimmst, wie sie nun mal sind – urteile nicht und korrigiere
nichts! Erscheint dir ein Tier, das dir nicht gefällt, versuche es
nicht zu ändern! Manchmal haben uns Dinge, die wir nicht mögen, viel zu sagen.*

Nimm eine bequeme Position ein, entweder im Sitzen oder
im Liegen. Die Arme sind nicht gekreuzt, die Beine nicht
übereinandergeschlagen. Schließe die Augen. Atme einmal lang und tief ein und langsam wieder aus. Deine Atmung soll voll, tief und entspannt sein.

Während du von zehn bis null zählst, kommt dein Verstand
zur Ruhe, und du wirst empfänglicher für die Weisheit deiner Seele und ihrer Heilkraft: zehn, neun, acht, sieben,
sechs, fünf, vier, drei, zwei, eins, null. Jetzt bist du ganz tief
entspannt.

Richte deine Aufmerksamkeit auf einen Punkt weit über deinem Kopf, hoch oben im Himmel, und verbinde dich mit der strahlenden, kraftvollen weißen Lichtenergie, die auf dich herabfließt.

Erfahre dieses weiße Licht, wie es um dich fließt und durch dich fließt und deinen Körper mit seinem Leuchten erfüllt. Mit jedem Atemzug atmest du dieses Licht ein. Während es dich erfüllt und umgibt, durchdringt es dein ganzes Wesen und vereint sich mit dem Fluß an Lebensenergie, der bereits durch deinen Körper strömt.

Richte deine Aufmerksamkeit auf die Basis deiner Wirbelsäule, dort, wo sich das Steißbein befindet. Dies ist dein Wurzelchakra, das Zentrum für Sicherheit und Erdung in dieser physischen Welt. Verbinde dich mit dem weißen Licht in deinem ersten Chakra, während es sich sanft in einer kreisförmigen Bewegung dreht.

Spüre, wie dieses weiße Licht als Energie durch deine Beine und Füße in den Boden fließt und dich mit Mutter Erde verbindet.

Sobald du bis drei gezählt hast, wirst du einen animalischgeistigen Berater in deinem ersten Chakra sehen: eins – zwei – drei. Frage, wie er heißt. Frage ihn, ob du in diesem Zentrum irgend etwas blockierst oder festhältst, und achte genau auf seine Antwort.

Frage dein Leitbild, wie es dir helfen kann, die Energieschleuse in diesem Zentrum zu öffnen.

Drücke dem geistigen Berater gegenüber deine Dankbarkeit aus, und sage ihm Lebewohl.

Nun laß zu, daß die Energie in deinem ersten Chakra allmählich in einer spiralförmigen Bewegung hinaufsteigt in das zweite Chakra, in dein Becken.

Dies ist das Zentrum der Sexualität und schöpferischer Lebenskraft. Während die Lichtenergie das zweite Chakra öffnet, dreht sie sich sanft in einer kreisförmigen Bewegung.

Sobald du bis drei gezählt hast, wirst du einen animalisch-geistigen Berater in diesem Chakra sehen: eins – zwei – drei. Frage, wie er heißt. Frage ihn, ob du in diesem Zentrum irgend etwas blockierst oder festhältst, und achte genau auf seine Antwort.

Frage, wie er dir helfen kann, die Energieschleuse in diesem Zentrum zu öffnen.

Drücke dem Berater gegenüber deine Dankbarkeit aus, und sage ihm Lebewohl.

Nun laß zu, daß die Energie in deinem zweiten Chakra allmählich in einer spiralförmigen Bewegung hinaufsteigt in das dritte Chakra beim Solarplexus, unterhalb des Brustkastens.

Dies ist das Zentrum körperlicher Willenskraft, Motivation und Vitalität. Während die Lichtenergie das dritte Chakra öffnet, dreht sie sich sanft in einer kreisförmigen Bewegung.

Sobald du bis drei gezählt hast, wirst du einen animalisch-geistigen Berater in diesem Chakra sehen: eins – zwei – drei. Frage, wie er heißt. Frage ihn, ob du in diesem Zentrum irgend etwas blockierst oder festhältst, und achte genau auf seine Antwort.

Frage, wie er dir helfen kann, die Energieschleuse in diesem Zentrum zu öffnen.

Drücke dem Berater gegenüber deine Dankbarkeit aus, und sage ihm Lebewohl.

Jetzt laß zu, daß die Energie aus deinem dritten Chakra allmählich in einer spiralförmigen Bewegung weiter hinaufsteigt in das vierte Chakra, das Herzzentrum in der Mitte deiner Brust.

Dies ist das Zentrum von Liebe und Mitgefühl. Während die Lichtenergie dein viertes Chakra öffnet, dreht sie sich sanft in einer kreisförmigen Bewegung.

Sobald du bis drei gezählt hast, wirst du einen animalisch-geistigen Berater in diesem Chakra sehen: eins – zwei – drei. Frage, wie er heißt. Frage ihn, ob du in diesem Zentrum irgend etwas blockierst oder festhältst, und achte genau auf seine Antwort.

Frage, wie er dir helfen kann, die Energieschleuse in diesem Zentrum zu öffnen.

Drücke dem Berater gegenüber deine Dankbarkeit aus, und sage ihm Lebewohl.

Jetzt laß zu, daß die Energie in deinem Herzchakra allmählich in einer spiralförmigen Bewegung weiter aufsteigt in das fünfte Chakra im Zentrum deiner Kehle.

Dies ist das Zentrum des Selbstausdrucks. Während die Lichtenergie dein fünftes Chakra öffnet, dreht sie sich sanft in einer kreisförmigen Bewegung.

Sobald du bis drei gezählt hast, wirst du einen animalisch-geistigen Berater in diesem Chakra sehen: eins – zwei – drei. Frage, wie er heißt. Frage ihn, ob du in diesem Zentrum irgend etwas blockierst oder festhältst, und achte genau auf seine Antwort.

Frage, wie er dir helfen kann, die Energieschleuse in diesem Zentrum zu öffnen.

Drücke dem Berater gegenüber deine Dankbarkeit aus, und sage ihm Lebewohl.

Jetzt laß zu, daß die Energie in deinem fünften Chakra allmählich in einer spiralförmigen Bewegung weiter aufsteigt in das sechste Chakra zwischen den Augenbrauen.

Dies ist das Zentrum innerer Sicht wie auch höherer Einsicht. Während die Lichtenergie das dritte Auge öffnet, dreht sie sich sanft in einer kreisförmigen Bewegung.

Sobald du bis drei gezählt hast, wirst du einen animalisch-geistigen Berater in diesem Chakra sehen: eins – zwei – drei. Frage, wie er heißt. Frage diesen Berater, ob du in diesem Zentrum irgend etwas blockierst oder festhältst, und achte genau auf seine Antwort.

Frage ihn, wie er dir helfen kann, die Energieschleuse in diesem Zentrum zu öffnen.

Drücke dem Berater gegenüber deine Dankbarkeit aus, und sage ihm Lebewohl.

Jetzt laß zu, daß die Energie in deinem dritten Auge allmählich in einer spiralförmigen Bewegung weiter aufsteigt in das siebte Chakra auf dem Scheitel des Kopfes.

Dies ist das Zentrum spirituellen Bewußtseins und direkten Wissens. Während die Lichtenergie dein siebtes Chakra öffnet, dreht sie sich sanft in einer kreisförmigen Bewegung.

Sobald du bis drei gezählt hast, wirst du einen animalisch-geistigen Berater in diesem Chakra sehen: eins – zwei – drei. Frage, wie er heißt. Frage ihn, ob du in diesem Zentrum irgend etwas blockierst oder festhältst, und achte genau auf seine Antwort.

Frage, wie er dir helfen kann, die Energieschleuse in diesem Zentrum zu öffnen.

Drücke dem Berater gegenüber deine Dankbarkeit aus, und sage ihm Lebewohl.

Nun laß zu, daß deine Bewußtheit langsam alle Chakren und ihre geistigen Berater und Leitbilder erforscht. Spüre, wie sich die Energie in jedem Zentrum langsam in einer kreisförmigen Bewegung dreht.

Wenn du das erste Chakra am unteren Ende der Wirbelsäule erreichst, verbinde dich wieder mit der Lichtenergie, die sich durch deine Beine und Füße abwärts bewegt und dir das Gefühl gibt, geerdet zu sein.

Sobald du bis zehn gezählt hast, kannst du die Augen wieder öffnen: eins, zwei, drei, vier, fünf, sechs, sieben, acht, neun, zehn. Laß dir ein oder zwei Minuten Zeit, um dich daran zu gewöhnen, daß du wieder im Zimmer bist, und deine Augen offen.

Blockaden aufspüren und loslassen

Nachdem du die vorangegangenen Meditationen gemacht hast, solltest du eine ziemlich klare Vorstellung davon haben, welche Chakren dir Schwierigkeiten bereiten.

Manche Chakren könnten dir körperliches Unbehagen verursachen, sobald du deine Bewußtheit auf sie lenkst, oder ein unangenehmes Gefühl kann aufsteigen. Vielleicht haben deine geistigen Berater dich auf gewisse Energieblockaden aufmerksam gemacht. Oder du fühlst oder siehst möglicherweise gar nichts, wenn du versuchst, dir eines Chakras bewußt zu werden.

In dieser Meditation kannst du eines dieser Chakren wählen und dich genauer auf es einstellen, um es besser zu verstehen und der Energie zu ermöglichen, an diesem Ort freier zu fließen.

Nimm eine bequeme Position ein, entweder im Sitzen oder im Liegen. Die Arme sind nicht gekreuzt, die Beine nicht übereinandergeschlagen. Schließe die Augen. Atme einmal lang und tief ein und langsam wieder aus. Deine Atmung soll voll, tief und entspannt sein.

Während du von zehn bis null zählst, kommt dein Verstand zur Ruhe, und du wirst empfänglicher für die Weisheit deiner Seele und ihrer Heilkraft: zehn, neun, acht, sieben, sechs, fünf, vier, drei, zwei, eins, null. Jetzt bist du ganz tief entspannt.

Richte deine Aufmerksamkeit auf einen Punkt weit über deinem Kopf ein, hoch oben im Himmel, und verbinde dich mit der strahlenden, kraftvollen, weißen Lichtenergie, die auf dich herabfließt.

Erfahre dieses weiße Licht, wie es um dich fließt und durch dich fließt und deinen Körper mit seinem Leuchten erfüllt. Mit jedem Atemzug atmest du dieses Licht ein. Während es dich erfüllt und umgibt, durchdringt es sanft dein ganzes Wesen und vereint sich mit dem Fluß von Lebensenergie, der bereits durch deinen Körper strömt.

Tu einen langen, tiefen Atemzug, und stell deine Aufmerksamkeit auf das Chakra ein, das du erforschen möchtest. Laß zu, daß die weiße Lichtenergie durch deinen Körper fließt und in diese Zone eindringt.

Was für Empfindungen hast du in diesem Chakra?

Was für Empfindungen hast du in diesem Teil von dir selbst?

Laß zu, daß die Antworten leicht und spontan aus deinem Unterbewußtsein aufsteigen.

Was für Empfindungen hast du in diesem Teil deines Körpers?

Was für Erinnerungen verbindest du mit diesen Empfindungen?

Was für Erinnerungen verbindest du mit diesem Teil deines Körpers?

Was für Erinnerungen sind mit diesem Chakra verbunden? Atme!

Tauchen irgendwelche Gefühle auf, sobald du dich mit diesen Erinnerungen verbindest?

Laß zu, daß du jedes Gefühl erlebst, das du in diesem Körperteil festhältst.

Was für Gefühle sind mit diesem Chakra verbunden?

Hast du dir irgendein Urteil über diese Gefühle und Erinnerungen gebildet?

Was für Urteile hast du über dich selbst und dein Leben?

Was für Urteile hast du über andere?

Was für Entschlüsse hast du auf Grund dieser Urteile, Erinnerungen und Gefühle gefaßt?

Zu welchen Handlungen haben dich diese Entscheidungen veranlaßt?

Mit einem langen, tiefen Atemzug werde dir bewußt, wie du die Energie in diesem Chakra festhältst oder blockierst.

Was brauchst du, um loszulassen, damit die Energie frei wird?

Was solltest du fühlen, erfahren oder ändern?

Bist du bereit, die Energie hier freizusetzen?

Falls ja, stell dir vor, wie du diese Veränderungen unternimmst und losläßt.

Laß zu, daß du in deinem Körper eine Freisetzung von Energie spürst, ein Loslassen auf körperlicher, emotionaler und mentaler Ebene. Atme!

Halte die Verbindung mit deinem jetzigen Befinden aufrecht, und wenn du bis zehn gezählt hast, kannst du die Augen öffnen: eins, zwei, drei, vier, fünf, sechs, sieben, acht, neun, zehn.

Mit dem Körper kommunizieren

Diese Meditation soll dir helfen, die Weisheit deiner Seele zu benutzen, um neue Erkenntnisse über die Art eines körperlichen Gebrechens oder einer Krankheit zu gewinnen. Und um zu verstehen, was notwendig ist, damit eine Heilung geschieht. Ehe du mit dieser Meditation beginnst, wähle das Symptom, die Krankheit oder die Stelle in deinem Körper, auf die du dich einstellen möchtest.

Nimm eine bequeme Position ein, entweder im Sitzen oder im Liegen. Die Arme sind nicht gekreuzt, die Beine nicht übereinandergeschlagen. Schließe die Augen. Atme einmal lang und tief ein und langsam wieder aus. Deine Atmung soll voll, tief und entspannt sein.

Während du von zehn bis null zählst, kommt dein Verstand zur Ruhe, und du wirst empfänglicher für die Weisheit deiner Seele und ihrer Heilkraft: zehn, neun, acht, sieben, sechs, fünf, vier, drei, zwei, eins, null. Jetzt bist du ganz tief entspannt.

Richte deine Aufmerksamkeit auf ein Symptom oder eine Krankheit, die du verstehen, mit der du kommunizieren und die du heilen möchtest. Verbinde dich mit allen Empfindungen in dieser Körpergegend.

Erlaube dir, dich an alle Empfindungen zu erinnern, die du früher dort erlebt hast.

Steigere jetzt vorübergehend die Intensität dieser Empfindungen. Sei dir dieses Vorgangs bewußt. Denkst oder fühlst du etwas, das diese Empfindungen verstärkt?

Jetzt atme tief ein und wieder aus. Während du dies tust, erlaube dir, die Empfindungen abzuschwächen.

Sei dir dieses Vorgangs bewußt. Tust du irgend etwas, damit die Empfindungen sich verringern?

Jetzt benutze deine Phantasie, und werde zu dem Symptom oder der Krankheit. Stell dir vor, du seist ein Kind, das so tut, als sei es das Symptom oder die Krankheit. Wie bist du? Was für eine Persönlichkeit hast du?

Wie sieht dein Leben aus?

Was machst du mit der Person, in deren Körper du steckst?

Was möchtest du dieser Person sagen? Was für eine Botschaft versuchst du zu übermitteln?

Wie hast du das Leben dieses Menschen verändert?

Wie hast du seine Beziehungen verändert?

Was für Gefühle hast du verursacht?

Drückst du etwas aus, was diese Person nicht ausdrücken kann?

Hilfst du diesem Menschen dabei, irgend etwas aus dem Weg zu gehen?

Tust du etwas für ihn? Bist du auf gewisse Weise nützlich für ihn?

Schützt du diese Person vor irgend etwas oder irgend jemandem?

Was kann diese Person tun, um dich zu heilen?

Jetzt werde wieder du selbst. Erzähl dem Symptom oder der Krankheit, wie das gewirkt hat, was sie zu dir gesagt hat.

Mit welchen Gefühlen stehst du jetzt in Verbindung, die dir nicht bewußt waren, ehe du deine Beschwerden hattest?

Mit welchen Bedürfnissen und Wünschen bist du jetzt in Kontakt?

Möchtest du, als Ergebnis deiner Beschwerden, in deinem Leben irgend etwas ändern?

Jetzt stell dir vor, wie dein Leben sich so zu verändern beginnt, wie du es möchtest. Visualisiere, wie du all das verkörperst, was zu deiner Heilung nötig ist.

Sieh dich als ganz, geheilt und erfüllt von Selbstliebe.

Sobald du bis zehn gezählt hast, kannst du die Augen öffnen: eins, zwei, drei, vier, fünf, sechs, sieben, acht, neun, zehn.

Sein Gesicht zurückgewinnen

Diese Meditation ermöglicht dir, dein Gesicht zu erkunden und mit Stellen oder Gesichtszügen in Verbindung zu kommen, die dir nicht angenehm sind. Dabei kannst du vielleicht feststellen, daß ein bestimmter Zug dich an jemanden erinnert. Jetzt hast du Gelegenheit, diesen Teil deines Gesichts als deinen eigenen zu beanspruchen.

Nimm eine bequeme Position ein, entweder im Sitzen oder im Liegen. Die Arme sind nicht gekreuzt, die Beine nicht übereinandergeschlagen. Schließe die Augen. Atme einmal langsam und tief ein und langsam wieder aus. Deine Atmung soll voll, tief und entspannt sein.

Während du von zehn bis null zählst, kommt dein Verstand zur Ruhe, und du wirst empfänglicher für die Weisheit deiner Seele und ihrer Heilkraft: zehn, neun, acht, sieben, sechs, fünf, vier, drei, zwei, eins, null. Jetzt bist du ganz tief entspannt.

Richte nun deine ganze Aufmerksamkeit auf dein Gesicht und komm in Verbindung mit den Gefühlen, die du dabei hast.

Spür die Muskeln, Knochen, die Haut.

Spür die Struktur deines Gesichts.

Achte auf jede Empfindung, die du hast.

Lenke deine Aufmerksamkeit getrennt auf jede Stelle des Gesichts und auf jeden Gesichtszug.

Auf die Stirn.

Die Augen.

Die Nase.

Den Mund.

Den Kiefer.

Das Kinn.

Die Wangen.

Die Ohren.

Welche Stellen kannst du stark und deutlich fühlen?

Welche Stellen fühlst du nur vage?

Welche Stellen in deinem Gesicht fühlen sich angespannt oder unangenehm an?

Welche Züge oder Stellen in deinem Gesicht magst du am wenigsten? Mit welchen bist du am wenigsten verbunden?

Stell deine ganze Aufmerksamkeit auf diese Züge und Zonen ein. Was fällt dir auf?

Was für Empfindungen steigen in dir hoch?

Wie fühlen sich diese Züge oder Stellen im Vergleich zum restlichen Gesicht an?

Möchten sie sich irgendwie verändern?

Vertausche die Rollen, und stell dir vor, du seist dieser Gesichtsteil.

Wie bist du?

Wie ist dein Leben?

Wie drückst du dich aus?

Was für Gefühle hast du gegenüber dem Rest der Welt?

Jetzt vertausch die Rollen erneut, und werde wieder du selbst.

Wenn du bis drei gezählt hast, wirst du das Gesicht der

Person sehen oder ihren Namen hören, mit dem du diesen Gesichtsteil assoziierst: eins – zwei – drei.

Stell fest, wie du dich fühlst, wenn du erkennst, wer es ist.

In welcher Beziehung steht diese Person zu diesem Teil deines Gesichts?

Kann es möglich sein, daß sie diesen Teil besitzt?

Stell dir vor, daß diese Person vor dir steht, und erzähl ihr, was du über ihre Beziehung zu deinem Gesicht empfindest.

Wenn du willst, stell dir vor, wie du jede Assoziation, die du nicht mehr haben willst, losläßt oder dieser Person zurückgibst.

Jetzt laß das Bild dieser Person los. Visualisiere, was dieser Teil deines Gesichts ausdrücken soll.

Stell dir vor und fühle auch, daß diese Stelle deines Gesichts genau das ausdrückt, was du möchtest.

Halte dieses Bild deutlich in deinem Geist fest, und spür es stark in deinem Gesicht.

Jetzt spüre, wie dieser Gesichtszug oder diese Stelle zu deinem restlichen Gesicht auf eine neue Art in Beziehung tritt.

Empfinde dein ganzes Gesicht als heil und einheitlich. Es drückt deine wahren Gefühle aus.

Bleibe in Verbindung mit diesem neuen Gefühl für dein Gesicht und mit den Emotionen, die damit zusammenhängen. Öffne die Augen, nachdem du bis zehn gezählt hast: eins, zwei, drei, vier, fünf, sechs, sieben, acht, neun, zehn.

Seinen Körper zurückgewinnen

Diese Meditation ermöglicht dir, deinen Körper zu erkunden und mit Stellen oder Merkmalen in Verbindung zu kommen, die dir nicht angenehm sind.
Wie bei »Sein Gesicht zurückgewinnen« wirst du vielleicht feststellen, daß ein bestimmtes Merkmal dich an jemanden erinnert. Jetzt hast du Gelegenheit, diesen Teil deines Körpers als deinen eigenen zu reklamieren.

Nimm eine bequeme Position ein, entweder im Sitzen oder im Liegen. Die Arme sind nicht gekreuzt, die Beine nicht übereinandergeschlagen. Schließe die Augen. Atme einmal langsam und tief ein und langsam wieder aus. Deine Atmung soll voll, tief und entspannt sein.

Während du von zehn bis null zählst, kommt dein Verstand zur Ruhe, und du wirst empfänglicher für die Weisheit deiner Seele und ihrer Heilkraft: zehn, neun, acht, sieben, sechs, fünf, vier, drei, zwei, eins, null. Jetzt bist du ganz tief entspannt.

Richte deine ganze Aufmerksamkeit auf deinen Körper. Mach dir bewußt, wie dein Körper sich anfühlt.

Spür die Muskeln, Knochen, die Haut.

Spür die Struktur deines Körpers.

Achte auf alle Empfindungen, die du fühlst.

Lenke deine Aufmerksamkeit auf jede einzelne Stelle deines Körpers: auf Füße und Beine.

Auf Hüften, Becken und unteren Rücken.

Auf Gesäß, Lenden und Genitalien.

Auf Rumpf, Brust und Rückgrat.

Auf Schultern, Arme und Hände.

Auf Nacken und Kopf.

Welche Stellen spürst du stark und deutlich?

Welche Stellen fühlst du nur vage?

Welche Stellen deines Körpers fühlen sich verspannt oder unangenehm an?

Welchen Teil deines Körpers magst du am wenigsten, oder mit welchem fühlst du dich am wenigsten verbunden?

Lenke deine ganze Aufmerksamkeit auf diese Stelle. Was fällt dir auf?

Was für Empfindungen hast du?

Wie fühlt sich dieser Teil im Vergleich zum restlichen Körper an?

Möchte er sich irgendwie verändern?

Vertausche die Rollen, und stell dir vor, du seist dieser Körperteil.

Wie bist du?

Wie ist dein Leben?

Wie drückst du dich aus?

Was für Gefühle drückst du gegenüber der restlichen Welt aus?

Jetzt vertausche die Rollen, und werde wieder du selbst.

Sobald du bis drei gezählt hast, wirst du das Gesicht der Person sehen, mit der du diesen Körperteil in Verbindung bringst, oder ihren Namen hören: eins – zwei – drei.

Stell fest, wie du dich fühlst, wenn du erkennst, wer es ist.

In welcher Beziehung steht diese Person zu diesem Teil deines Körpers?

Könnte es irgendwie möglich sein, daß sie diesen Teil besitzt?

Stell dir vor, daß diese Person vor dir steht, und erzähl ihr, was du über ihre Beziehung zu deinem Körper empfindest.

Wenn du willst, stell dir vor, wie du jede Assoziation, die du nicht mehr haben willst, losläßt oder dieser Person zurückgibst.

Jetzt laß das Bild dieser Person los. Visualisiere, was dieser Teil deines Körpers ausdrücken soll.

Stell dir vor und fühle auch, daß dieser Teil deines Körpers genau das ausdrückt, was du möchtest.

Halte dieses Bild klar in deinem Geist fest, und spür es deutlich in deinem Körper.

Jetzt spüre, wie dieses Merkmal oder dieser Teil zu deinem restlichen Körper auf eine neue Art in Beziehung tritt.

Empfinde deinen ganzen Körper als heil und einheitlich. Er drückt deine wahren Gefühle aus.

Bleib in Verbindung mit diesem neuen Gefühl für deinen Körper und den Emotionen, die damit zusammenhängen.

Öffne die Augen, nachdem du bis zehn gezählt hast: eins, zwei, drei, vier, fünf, sechs, sieben, acht, neun, zehn.

Schmerzerleichterung

Diese Meditation soll dir helfen, körperliche Schmerzen loszulassen und dich in einen total entspannten Zustand zu versetzen. Am wirksamsten ist sie, wenn du dich ausstreckst, damit du am Ende der Meditation einschlafen kannst, falls du möchtest.

Nimm eine bequeme Position ein, entweder im Sitzen oder im Liegen. Die Arme sind nicht gekreuzt, die Beine nicht übereinandergeschlagen. Schließ die Augen. Atme einmal lang und tief ein und langsam wieder aus. Deine Atmung soll voll, tief und entspannt sein.

Während du von zehn bis null zählst, kommt dein Verstand zur Ruhe, und du wirst empfänglicher für die Weisheit deiner Seele und ihrer Heilkraft: zehn, neun, acht, sieben, sechs, fünf, vier, drei, zwei, eins, null. Jetzt bist du ganz tief entspannt.

Richte deine Aufmerksamkeit auf den Punkt in deinem Körper, an dem du Schmerzen spürst. Laß zu, daß du dir aller Eigenarten dieser Schmerzen bewußt wirst.

Ist der Schmerz stechend oder dumpf? Heiß oder kalt? Fühlst du ein Klopfen oder Druck?

Gibt es noch andere typische Merkmale?

Wie heftig oder gering ist der Schmerz? Über welches Gebiet zieht er sich hin? Was für eine Form hat er? Erlaube dir, ihn dreidimensional zu fühlen, mit seiner Tiefe und Höhe, Breite und all seinem Volumen.

Was für eine Farbe hat der Schmerz?

Jetzt erlaube dir, die Merkmale des Schmerzes vorübergehend zu verstärken.

Stell fest, wie du das machst. Denkst oder fühlst du etwas, das den Schmerz verstärkt?

Jetzt atme lang und tief ein und wieder aus. Erlaube dabei dem Schmerz abzunehmen.

Sei dir bewußt wie du das machst.

Jetzt stell dir vor, du bist drinnen im Zentrum des Schmerzes.

Wie bist du als Schmerz?

Was für ein Leben führst du?

Was versuchst du zu sagen? Was für eine Botschaft möchtest du übermitteln?

Jetzt verändere Größe, Form und Farbe, wie du Lust hast.

Wie siehst du jetzt aus? Was für eine Farbe hast du? Was für eine Form? Was für eine Größe?

Nun werde wieder du selbst. Stell dir vor, daß der Schmerz auf eine Filmleinwand projiziert würde.

Was siehst du? Was für eine Farbe hat er? Welche Form? Welche Größe? Was macht er?

Stell dir vor, wie er wieder Farbe, Form und Größe verändert. Betrachte das Ganze wie einen Film.

Stell dir vor, die Leinwand bewegt sich immer weiter von dir weg.

Während du beobachtest, wie die Leinwand verschwindet, spür ein kühles blaues Licht, das deinen Körper und deinen Kopf umgibt.

Mit jedem Atemzug nimmst du mehr kühles blaues Licht

in dich auf. Dein ganzer Körper füllt sich mit dieser zarten Gegenwart und erzeugt einen tiefen Zustand der Entspannung.

Jede Zelle deines Körpers ist mit diesem zarten, kühlen blauen Licht erfüllt.

Es ist kühlend, tröstend, heilend. Es fließt durch deinen ganzen Körper, und du ruhst in einem tiefen Frieden.

Vielleicht möchtest du an diesem zutiefst friedvollen und heilenden Ort bleiben. Vielleicht möchtest du sogar in den Schlaf sinken.

Völlig gelassen, entspannt, geheilt.

Bleib in diesem Zustand, solange du möchtest. Wenn du soweit bist, zähl bis zehn und öffne die Augen: eins, zwei, drei, vier, fünf, sechs, sieben, acht, neun, zehn.

Heilaffirmationen

Diese Meditation verbindet geführte Imagination mit positiven Heilaussagen, den Affirmationen. Die rechte Gehirnhälfte erzeugt Bilder, die linke vernunftbetonte lineare Aussagen. Durch Kombinieren der Energien beider Seiten stimulierst du das Heilpotential in dir beträchtlich.

Nimm eine bequeme Position ein, entweder im Sitzen oder im Liegen. Die Arme sind nicht gekreuzt, die Beine nicht übereinandergeschlagen. Schließe die Augen. Atme einmal lang und tief ein und langsam wieder aus. Deine Atmung soll voll, tief und entspannt sein.

Während du von zehn bis null zählst, kommt dein Verstand zur Ruhe, und du wirst empfänglicher für die Weisheit deiner Seele und ihrer Heilkraft: zehn, neun, acht, sieben, sechs, fünf, vier, drei, zwei, eins, null. Jetzt bist du ganz tief entspannt.

Richte deine Aufmerksamkeit auf einen Punkt weit über deinen Kopf, hoch oben im Himmel, und verbinde dich mit der strahlenden, kraftvollen weißen Lichtenergie, die auf dich herabströmt.

Erfahre dieses weiße Licht, wie es um dich fließt und durch dich fließt und deinen Körper mit seinem Leuchten erfüllt.

Mit jedem Atemzug atmest du dieses Licht ein. Während es dich erfüllt und umgibt, durchdringt es sanft dein ganzes

Wesen und vereint sich mit dem Fluß von Lebensenergie, der bereits durch deinen Körper fließt.

Erlebe, wie du immer und immer tiefer in einen Zustand von Frieden, Harmonie und Heilung versinkst.

Laß zu, daß du die folgenden Affirmationen erlebst, als seien es deine eigenen. Wenn du allein bist, kannst du sie laut wiederholen. Atme!

Mein Körper ist ein Universum in sich selbst.

Mein Körper ist ein Universum in sich selbst.

Mein Blut ist das Meer in meinem Universum. Es wäscht meine inneren Gewebe sauber und bringt meinem Körper Nährstoffe und Leben.

Mein Blut ist das Meer in meinem Universum. Es wäscht meine inneren Gewebe sauber und bringt meinem Körper Nährstoffe und Leben.

Meine Nervenenergie ist wie die Sonne und verleiht meinem Körper Kraft.

Meine Nervenenergie ist wie die Sonne und verleiht meinem Körper Kraft.

Mein Gehirn ist das schöpferische Zentrum meines Universums. Es sendet Heilsignale in alle Teile meines Körpers.

Mein Gehirn ist das schöpferische Zentrum meines Universums. Es sendet Heilsignale in alle Teile meines Körpers.

Alle meine Organe arbeiten in Harmonie, während Mutter Natur in meinem Körper Ausgeglichenheit schafft.

Alle meine Organe arbeiten in Harmonie, während Mutter Natur in meinem Körper Ausgeglichenheit schafft.

Atme!

Laß zu, daß du die Wahrheit dieser Affirmationen spürst.

Mein Körper wird mit allem versorgt, was er braucht.

Mein Körper wird mit allem versorgt, was er braucht.

Ich nehme die Heilung an, die jetzt in mir geschieht.

Ich nehme die Heilung an, die jetzt in mir geschieht.

Ich glaube, daß die Höhere Intelligenz, die alles Leben durchdringt, mich heilt und stärkt.

Ich glaube, daß die Höhere Intelligenz, die alles Leben durchdringt, mich heilt und stärkt.

Laß zu, daß du die Heilung, die jetzt in dir geschieht, wirklich spürst und erlebst.

Ich nehme diese Heilung an.

Ich nehme diese Heilung an.

Spüre, wie du vor weißem Licht und Heilenergie glühst.

In dem Wissen, daß diese Heilung auf sichtbare und unsichtbare Weise weiterhin geschieht, öffnest du die Augen, nachdem du bis zehn gezählt hast: eins, zwei, drei, vier, fünf, sechs, sieben, acht, neun, zehn.

Selbstheilung

Diese Meditation soll dir helfen, die Heilabsicht auf ein Symptom, eine Krankheit oder eine Körpergegend zu konzentrieren. Indem du deine Bewußtheit, Gehirn und physischen Körper in einer geführten Imagination verbindest, schaffst du eine Möglichkeit, Heilbotschaften dorthin zu senden, wo sie am dringendsten gebraucht werden. Das Immunsystem reagiert auf diese Heilimagination.

Nimm eine bequeme Position ein, entweder im Sitzen oder im Liegen. Die Arme sind nicht gekreuzt, die Beine nicht übereinandergeschlagen. Schließe die Augen. Atme einmal lang und tief ein und langsam wieder aus. Deine Atmung soll voll, tief und entspannt sein.

Während du von zehn bis null zählst, kommt dein Verstand zur Ruhe, und du wirst empfänglicher für die Weisheit deiner Seele und ihrer Heilkraft: zehn, neun, acht, sieben, sechs, fünf, vier, drei, zwei, eins, null. Jetzt bist du ganz tief entspannt.

Richte deine Aufmerksamkeit auf einen Punkt weit über deinen Kopf, hoch oben im Himmel, und verbinde dich mit der strahlenden, kraftvollen, weißen Lichtenergie, die auf dich herabfließt.

Erfahre dieses weiße Licht, wie es um dich fließt und durch dich fließt und deinen Körper mit seinem Leuchten erfüllt. Mit jedem Atemzug atmest du dieses Licht ein. Während es

dich erfüllt und umgibt, durchdringt es sanft dein ganzes
Wesen und vereint sich mit dem Fluß von Lebensenergie,
der bereits durch deinen Körper strömt.

Richte deine Aufmerksamkeit auf die Körpergegend, die
Heilung braucht. Atme tief ein und wieder aus.

Erlaube dir zu fühlen, wie die weiße Lichtenergie sanft in
diesem Punkt deines Körpers kreist, stell es dir bildlich vor.

Die Lichtenergie ist die Energie der Schöpfung und erinnert deinen Körper an seine Kraft, heilen und neues Leben
erschaffen zu können.

Stell dir vor, wie dein Blut zirkuliert, deine Gewebe reinigt
und Giftstoffe und unerwünschte Zellen entfernt.

Sieh und fühle, wie dein hellrotes Blut frischen Sauerstoff
und Nährstoffe zu deinen Geweben und Knochen bringt.

Fühle und visualisiere, wie deine Nerven sich zu beruhigen
und zu entspannen beginnen und Heilbotschaften durch
deinen Körper schicken. Atme!

Gestatte deinem Körper, alle seine Heilenergien zu harmonisieren, während er Immunsystem, Muskeln, Nerven, Organe und Knochen stärkt.

Sieh, wie die betroffene Körpergegend heilt, und fühle es.

Du zählst bis drei und siehst deinen Körper völlig und ganz
geheilt und hältst dieses Bild fest: eins – zwei – drei.

Stell dir vor, wie dein Körper genauso funktioniert, wie du
es wünschst, und während du dieses Bild der Heilung
festhältst, wiederholst du die folgende Affirmation dreimal:

Ich nehme meine Heilung an und bin dankbar für das Licht
in mir.

Ich nehme meine Heilung an und bin dankbar für das Licht in mir.

Ich nehme meine Heilung an und bin dankbar für das Licht in mir.

Erlebe und sieh dich in einem Zustand völliger Heilung. Atme!

Sieh, wie dein Körper und dein ganzes Wesen geheilt und fröhlich sind und vor Licht strahlen.

Sieh, wie du all die Dinge tust, die du gern tust und immer schon tun wolltest.

Fühle, wie du vor Heilenergie und Licht, Liebe und Freude strahlst.

Erfahre deine wahre Natur als gesund und ganz.

Nachdem du bis drei gezählt hast, wirst du ein Symbol der Heilung empfangen: eins – zwei – drei.

Atme. Nimm dieses Symbol der Heilung an. Visualisiere es in der Gegend deines Körpers, die jetzt heilt, und glaube daran, daß es weiter Heilenergie und neues Leben erzeugen wird.

Laß zu, daß die Bedeutung dieses Symbols dir ein Rätsel bleibt, denn du weißt, daß du es irgendwann einmal verstehen wirst. Spüre seine Gegenwart in dir und erlebe, wie es Licht ausstrahlt und Heilung.

Wenn du bis zehn gezählt hast, kannst du die Augen öffnen: eins, zwei, drei, vier, fünf, sechs, sieben, acht, neun, zehn.

Heilung durch Farben

Diese Meditation ähnelt der »Selbstheilung«, aber sie verwendet die Kraft der Farben zum Heilen. Kalte Farben wie Violett, Blau und Grün lassen sich visualisieren, um Schmerzen zu lindern sowie Entzündungen und Infektionen zu hemmen. Warme Farben wie Rot, Orange und Gelb verwendet man, um den Körper zu wärmen, für Entspannung zu sorgen und den Blutstrom zu stärken. Du kannst auch eine Farbe wählen, die zu dem Chakra gehört, das dem Körpersymptom am nächsten ist, solange sie die richtige Wirkung hat. Wenn du, zum Beispiel, Halsweh hast, wählst du Blau, Himmelblau, weil es sowohl zum Kehlchakra gehört als auch Entzündungen kühlt und Schmerzen lindert. Solltest du eine Farbe wählen, die sich nicht richtig anfühlt, oder sollte während der Meditation eine andere auftauchen, dann benutzt du die neue Farbe.

Nimm eine bequeme Position ein, entweder im Sitzen oder im Liegen. Die Arme sind nicht gekreuzt, die Beine nicht übereinandergeschlagen. Schließe die Augen. Atme einmal lang und tief ein und langsam wieder aus. Deine Atmung soll voll, tief und entspannt sein.

Während du von zehn bis null zählst, kommt dein Verstand zur Ruhe, und du wirst empfänglicher für die Weisheit deiner Seele und ihrer Heilkraft: zehn, neun, acht, sieben, sechs, fünf, vier, drei, zwei, eins, null. Jetzt bist du ganz tief entspannt.

Richte deine Aufmerksamkeit auf einen Punkt weit über deinem Kopf, hoch oben am Himmel, und verbinde dich mit der Farbe des Lichts und der Energie, die du für die Heilung brauchst. Laß zu, daß diese Lichtenergie auf dich herabfließt.

Erfahre diese Lichtenergie, wie sie um dich fließt und durch dich fließt und deinen Körper mit ihrem Leuchten erfüllt. Mit jedem neuen Atemzug atmest du diese Heilfarbe ein.

Während sie dich erfüllt und umgibt, durchdringt sie sanft dein ganzes Wesen und vereint sich mit dem Fluß an Lebensenergie, der bereits durch deinen Körper fließt.

Richte deine Aufmerksamkeit auf die Körpergegend, die Heilung braucht. Atme tief ein und wieder aus.

Fühle, wie diese Farbe aus Lichtenergie sanft in dieser Körpergegend kreist, und stell es dir bildlich vor. Die Lichtenergie ist die Energie der Schöpfung und erinnert deinen Körper an seine Kraft, zu heilen und neues Leben zu erschaffen.

Stell dir vor, wie dein Blut zirkuliert, deine Gewebe reinigt und Giftstoffe und unerwünschte Zellen entfernt.

Sieh und fühle, wie dein hellrotes Blut frischen Sauerstoff und Nährstoffe zu deinen Geweben und Knochen bringt.

Fühle und visualisiere, wie deine Nerven sich beruhigen und zu entspannen beginnen und Heilbotschaften durch deinen Körper schicken. Atme!

Erlaube deinem Körper alle seine Heilenergien zu harmonisieren, während er Immunsystem, Muskeln, Nerven, Organe und Knochen stärkt.

Sieh, wie die betroffene Körpergegend heilt, und fühle es.

Du zählst bis drei und siehst deinen Körper völlig und ganz geheilt und hältst dieses Bild fest: eins – zwei – drei.

Stell dir vor, wie dein Körper genauso funktioniert, wie du es wünschst, und während du dieses Bild der Heilung festhältst, wiederholst du die folgende Affirmation dreimal:

Ich nehme meine Heilung an und bin dankbar für das Licht in mir.

Atme!

Ich nehme meine Heilung an und bin dankbar für das Licht in mir.

Ich nehme meine Heilung an und bin dankbar für das Licht in mir.

Erlebe und sieh dich in einem Zustand völliger Heilung.

Sieh, wie dein Körper und dein ganzes Wesen geheilt und fröhlich sind und vor Licht strahlen.

Sieh, wie du all die Dinge tust, die du gern tust und immer schon tun wolltest.

Fühle, wie du vor Heilenergie und Licht, Liebe und Freude strahlst.

Erfahre deine wahre Natur als gesund und ganz.

Nachdem du bis drei gezählt hast, wirst du ein Symbol der Heilung erhalten: eins – zwei – drei.

Atme.

Nimm dieses Heilsymbol an. Visualisiere es in der Gegend deines Körpers, die jetzt heilt, und glaube daran, daß es weiter Heilenergie und neues Leben erzeugen wird.

Laß zu, daß die Bedeutung dieses Symbols dir ein Rätsel

bleibt, denn du weißt, daß du seine Wichtigkeit irgendwann einmal verstehen wirst. Spüre seine Gegenwart in dir,
und erlebe, wie es Licht ausstrahlt und Heilung.

Wenn du bis zehn gezählt hast, öffne die Augen: eins, zwei,
drei, vier, fünf, sechs, sieben, acht, neun, zehn.

Kapitel 2

Vergebung

Liebe ist die stärkste Heilenergie. Wir alle haben schon einmal die ungeheure Freude und Dankbarkeit gespürt, die unsere Herzen erfüllen, wenn wir in die Augen eines geliebten Wesens blicken oder in das Gesicht eines Neugeborenen oder wenn wir uns in tiefem Gebetsfrieden mit Gott befinden.

Das einzige, was der Liebe im Weg steht, ist das Fehlen von Vergebung. Überprüfen wir unsere Beziehungen, so werden wir höchstwahrscheinlich Gefühle von Groll, Schuld, Wut, Furcht, Zorn, Sorge, Erwartung und Enttäuschung vorfinden. Diese negativen Emotionen überdecken unsere Gefühle für einen Menschen. Manchmal verstärken sie sich derartig, so daß wir nichts anderes mehr empfinden.

In den zwanzig Jahren meiner Arbeit als Heilerin habe ich festgestellt, daß neben körperlicher Gesundheit die meisten Menschen starkes Interesse an intakten, gesunden zwischenmenschlichen Beziehungen haben. Ärger und Zorn für jemanden zu empfinden, den man liebt, ist schmerzlich. Bei Beziehungen entstehen enorme Konflikte. Wir können jemanden lieben und gleichzeitig hassen. Wir wünschen ihm das Beste, und ein paar Stunden später wär es uns am liebsten, er verschwände von der Bildfläche. Solche Konflikte bedrücken den Geist, brechen das Herz und richten im Körper großen Schaden an. Sind Herz und Verstand uneins, wird die natürliche, gesunde Ausgeglichenheit des Körpers in ein chemisches Durcheinander geworfen. Streitest du dich, zum Beispiel, mit deinem Ehepartner, Freund oder Freundin, produzieren die Nebennierendrüsen Adrenalin, und dadurch fühlst du dich heiß und aufgeregt, bereit zum Kampf oder zur Flucht. Dein Verstand sagt dir vielleicht, daß es Zeit ist, diese Beziehung *sofort* abzubrechen, doch dein Herz fleht dich geradezu an, dies nicht zu tun. Dein armer Körper empfängt die unterschiedlichsten Signale und weiß einfach nicht, was er tun soll. Er produziert noch mehr Adrenalin und wartet darauf, daß du eine Entscheidung triffst. In der Zwischenzeit bist du durch das Hin- und Hergerissensein zwischen Ärger und Liebe wie gelähmt.

Später am Tag, sobald du im Büro bist, spielst du den Streit in Gedanken immer wieder durch. Jedesmal entstehen durch diesen Vorstellungsprozeß Signale, die vom Gehirn aus durch das zentrale Nervensystem in Muskeln und Organe geleitet werden. Schultern und Hals werden angespannt. Du beißt die Zähne zusammen. Der Magen verkrampft sich und sondert mehr Säure ab. Eh du dich versiehst, hast du Kopf- und Magenschmerzen. Dein Körper durchlebt den Streit dutzendemal aufs neue.

Viele Menschen greifen dann zu Schmerztabletten gegen das Kopfweh und einem Antisäuremittel für den Magen. Diese Dinge wirken nur vorübergehend, denn sie behandeln nur die Symptome. Die eigentliche Ursache ist das Wiedererleben des Streits – das Fehlen einer Lösung für diese Situation und die daran beteiligten Gefühle. Erlöst du niemals Ärger und Wut, sondern lebst jahrelang mit ihnen, dann wirst du schließlich wahrscheinlich viele Schmerztabletten und Antisäuremittel nehmen. Über einen langen Zeitraum hinweg können diese synthetischen Chemikalien verheerende Schäden an Leber, Nieren und Magen verursachen.

Die einzige Methode, diese endlose Tretmühle zu unterbrechen, ist, die Situation und die Gefühle, die zu diesen Körpersymptomen geführt haben, zu klären. Diese Gefühlsreaktionen abzubauen bedeutet, innere Heilarbeit zu leisten. Die äußere Situation löst wahrscheinlich deine inneren Gefühle aus, aber letztendlich ist sie nicht die Ursache. Diese liegt meist viel tiefer: Irgend jemand oder irgend etwas hat dich schon einmal dazu gebracht, so zu reagieren. Vielleicht haben sich deine Eltern viel gestritten, oder in deiner Familie gab es eine Menge unausgesprochenen Ärger und Zorn. Gleichgültig, wie das Szenarium aussieht – manchmal bedeutet die Art und Weise, wie wir in einer gegenwärtigen Situation reagieren, nur eine Wiederholung gleichen Verhaltens aus der Vergangenheit.

Meditationstechniken einzusetzen, um mit vergangenen und gegenwärtigen Gefühlen umzugehen, ist äußerst wirkungsvoll. Man dringt dadurch gleich zum Ursprung des Schmerzes vor, statt ihn zu mumifizieren. Indem wir in uns hineinsehen und unsere Gefühlsreaktionen bis zu dem Punkt zurückverfolgen, an dem wir sie zum erstenmal lernten, können wir genau erkennen, was wir fühlen. Eine solche Art tiefgreifender, äußerst konzentrierter Arbeit braucht geistiges und emotionales Durchhaltevermögen. Auch ein gutes Körpergefühl und gute Erdung sind vonnöten. Es ist wie beim Muskelaufbau in einem Fitneßcenter. Wir fangen langsam an, da unsere Muskeln sich daran gewöhnen müssen, trainiert zu werden, damit sie dieses Training annehmen. Überfordern wir uns oder gehen zu schnell voran, können Muskeln reißen oder verletzt werden. Dann werden wir vielleicht ängstlich oder müde und wollen nicht mehr weitermachen. Genauso ist es bei emotionalen Erkenntnissen und Meditationen der Achtsamkeit. Wir müssen langsam anfangen und Ausdauer entwickeln, wie zum Beispiel durch die Meditation »Auf dem Berg sitzen«. Der Zweck dieser Meditation ist es, geistige und emotionale Muskeln anzusetzen, als würdest du auf einem Berggipfel sitzen, um die Kraft und Stärke unter dir zu fühlen. In Wahrheit wirst du in dem Moment deine eigene Kraft und Stärke fühlen. Du wirst zu deinem eigenen Berg. Wenn du »Auf dem Berg sitzen« mehrmals gemacht hast und spürst, daß du etwas geistige wie emotionale Ausdauer entwickelt hast, bist du soweit, daß du zur nächsten Meditation des Kapitels übergehen kannst. Bei »Gefängnis des Verstandes« handelt es sich um Beurteilung. Trotz des unerfreulichen Titels ist es eine meiner meistverlangten Meditationen. Diese Meditation wird dir helfen, alle Urteile, die andere Menschen über dich gefällt haben, zu untersuchen, einschließlich deiner Verteidigungsmechanismen, die du entwickelt hast. Manchmal ist deine Art der Selbstverteidigung nicht immer bekömmlich. Durch ihre Analyse können wir neue und bessere Möglichkeiten finden, mit Beurteilung umzugehen. Die nächste Meditation »Sein Urteil ändern« wird dir ermöglichen, die Urteile, die du wiederum über andere Menschen hast, zu überprüfen und gegebenenfalls zu ändern.

Nachdem du die Auswirkungen von Beurteilungen wie Vorurteilen auf dein Leben dir erarbeitet hast, darfst du zur nächsten Meditation übergehen: »Mit Verlust umgehen«. Diese Meditation wird es dir ermöglichen, einen Verlust zu analysieren und zu heilen, den du in der Vergangenheit erlitten hast oder den du gerade im Augenblick durchlebst. Er kann ganz konkret sein, weil du ein geliebtes Wesen verloren hast, oder es kann sich auch um eine gefühlsmäßige Verlassenheit handeln, hervorgerufen durch einen Elternteil oder einen Partner. Wenn zum Beispiel deine Sehnsucht, geliebt zu werden, von einem introvertierten Vater abhing, wirst du wahrscheinlich weiter versuchen, die Liebe, die du brauchst, von Menschen zu bekommen, die ihre Gefühle nicht zeigen. Vielleicht suchst du dir sogar einen solchen Arbeitgeber. Wieder und wieder gibst du deine Liebe und Loyalität jemandem, der sie nicht erwidert. Du fühlst dich deshalb leer, verwirrt, verlassen und weißt nicht, warum. Machst du diese Meditation, so kannst du schon mit dem ursprünglichen Verlust in Berührung kommen. Trauer und Zorn auf deinen Vater werden wieder durchlebt und dadurch der Kreislauf unterbrochen. Du kannst deinem Vater vielleicht sogar vergeben, sobald du erkennst, daß er ein Mensch ohne Liebesfähigkeit war. Begegnest du Leuten, die diese Fähigkeit nicht haben, wirst du sie erkennen und von ihnen fernbleiben oder es nicht persönlich nehmen, falls sie deine Bedürfnisse nicht befriedigen.

Ich sage immer zu meinen Studenten, man kann einen angebrannten Kuchen nicht unter einem schönen Überzug verstecken, und meine, daß man dunkle Gefühle nicht durch Liebenswürdigkeit und aufklärerisches Getue überdecken sollte. Viele Leute glauben, daß es sich bei Vergebung um die angesprochenen Äußerlichkeiten handelt. Das stimmt nicht. Vergebung ist ein äußerst anspruchsvoller und tiefreichender Heilprozeß. Jemandem zu vergeben bedeutet, diese toxischen Gefühle loszulassen, die uns mit der Vergangenheit und den damaligen Menschen verbinden. Gleichzeitig sollen wir uns daran erinnern, was passiert ist, damit wir nicht zulassen, daß es wieder geschieht. Die Meditation »Öffnung des Herzens« wird dir dabei helfen, einem Menschen zu vergeben, der dich verletzt hat. Du wirst entdecken, daß es viel besser ist, das Herz in Mitgefühl und Vergebung zu öffnen und dadurch seine innewohnende Kraft und Energie zu erhalten, als zu versuchen, es verschlossen zu lassen.

Vergebung ist Liebe mit Härte. Sie verlangt Ehrlichkeit mit uns und den anderen. Sollten wir etwas getan oder gesagt haben, das einen Menschen verletzt, haben wir die Wahl: Schuld oder Reue. Sich schuldig fühlen heißt, den Weg zu gehen, der mit ständigen Selbstvorwürfen gepflastert ist und zu einem wiederholten Abspielen dieser peinlichen Situation in unserem Gehirn führt. Am Ende kommt nichts dabei heraus. Es steckt keine Heilkraft in der Schuld. Aber die Meditation »Reue« wird dir helfen, in deinem Herzen eine tiefe Traurigkeit über die getroffene Wahl und dein Verhalten zu erleben. Es ist, als blickte man direkt in einen Spiegel der Wahrheit, der uns für Heilung und Selbstvergebung öffnen kann.

Selbstvergebung ist manchmal am schwersten erreichbar. Nicht immer sind wir davon überzeugt, ein Recht auf unseren Ärger, unsere Bedürfnisse oder unsere Handlungen zu haben, mit denen wir versuchen, diese Bedürfnisse zu befriedigen – als seien andere Leute wichtiger und wir weniger wichtig. Wir geben uns die Schuld an unseren Schwächen und Unvollkommenheiten und messen uns an einem höheren Standard als die anderen Menschen. »Selbstvergebung« wird dir helfen, dein Herz für dich selbst zu öffnen und die Wunden, geschlagen durch deine eigene Selbstbeurteilung und Selbstbestrafung, zu heilen. Seit Jahren bestätigen meine Studenten, daß es eine ihrer Lieblingsmeditationen ist.

Sobald du »Selbstvergebung« geübt hast und spürst, daß die meisten Selbstvorwürfe hinter dir liegen, kannst du »Selbstliebe« ins Programm nehmen, am besten täglich. Indem wir uns selbst und anderen vergeben, können wir unser Herz einer wahren Heilung öffnen. Unser Verstand wird nicht länger vom wiederholten Abspielen der Konflikte erfüllt sein. Unser Körper muß nicht mehr das Durcheinander unterschiedlicher Signale und toxischer Emotionen ertragen. Unser Herz muß nicht mehr länger verschlossen bleiben. Haben wir Körper und Seele, Verstand und Herz gereinigt und ausbalanciert, können wir zum heilsamsten aller Orte gelangen: zur Selbstliebe.

Auf dem Berg sitzen

Diese Meditation wird dir helfen, geistige und emotionale Aus-
dauer zu entwickeln und dich körperlich zu erden. Es ist sehr gut,
mit dieser Meditation anzufangen, ehe man eine andere dieses
Kapitels ausprobiert. Laß zu, daß du tief in deinen Körper und
deine Bewußtheit versinkst. Versuche nicht, irgend etwas zu än-
dern, was du erlebst. Laß dir Zeit. Es ist eine ziemlich kurze
Meditation, aber sie hat große und heilende Wirkung, die zu-
nimmt, je länger du sie machst.

Nimm eine bequeme Position ein, entweder im Sitzen oder
im Liegen. Die Arme sind nicht gekreuzt, die Beine nicht
übereinandergeschlagen. Schließe die Augen. Atme einmal lang und tief ein und langsam wieder aus. Deine Atmung soll voll, tief und entspannt sein.

Wenn du bis zehn bis null zählst, kommt dein Verstand zur
Ruhe, und du wirst empfänglich für die Weisheit deiner
Seele und ihrer Heilkraft: zehn, neun, acht, sieben, sechs,
fünf, vier, drei, zwei, eins, null. Jetzt bist du ganz tief entspannt.

Laß dich in deinem Körper nieder. Alle äußeren Geräusche
fließen an dir vorbei.

Bleib mit deiner Bewußtheit in dir. Atme!

Laß dich so in deinem Körper nieder, daß er deine Stütze
wird, dein Berg.

Spür, wie Schultern und Hals sich entspannen. Stirn und

Kinn werden weich. Alle Muskeln, Nerven und Organe sind voll Frieden.

Sobald du mit deinem Körper völlig eins bist, werde in dir ganz still.

Atme tief und richte deine Aufmerksamkeit auf deinen Atem.

Laß zu, daß du dir eines Problems in deinem Leben bewußt wirst, das dir große Schmerzen macht.

Werde dir dieses Schmerzes völlig bewußt und bleib bei ihm … körperlich, emotional, mental und geistig.

Gib dich ihm hin. Laß dich in ihn fallen. Sei gegenüber diesem Schmerz völlig ohne Angst.

Laß zu, daß du dir bewußt wirst, wie dein Bewußtsein ihn umwandelt und heilt.

Werde dir der Kraft und Ausdauer bewußt, die du aufbaust, während du deinen wahren Gefühlen ins Gesicht siehst.

Erlaube dir, bei deinen Gefühlen zu bleiben, und wenn du bereit bist, öffne langsam die Augen, nachdem du bis zehn gezählt hast: eins, zwei, drei, vier, fünf, sechs, sieben, acht, neun, zehn.

Das Gefängnis des Verstandes

Diese Meditation ermöglicht dir, die Einschätzungen, die du seit deiner Kindheit von anderen Menschen erfahren hast, zu untersuchen. Du wirst feststellen, wie du dich gegen diese Beurteilungen wehrst, und dann andere Reaktionen wählen können, die dich wirksamer schützen.

Nimm eine bequeme Position ein, entweder im Sitzen oder im Liegen. Die Arme sind nicht gekreuzt, die Beine nicht übereinandergeschlagen. Schließe die Augen. Atme einmal lang und tief ein und langsam wieder aus. Deine Atmung soll voll, tief und entspannt sein.

Während du von zehn bis null zählst, kommt dein Verstand zur Ruhe, und du wirst empfänglicher für die Weisheit deiner Seele und ihrer Heilkraft: zehn, neun, acht, sieben, sechs, fünf, vier, drei, zwei, eins, null. Jetzt bist du ganz tief entspannt.

Stell dir vor, du stehst oder sitzt mitten in einer Gefängniszelle, die weder Türen noch Fenster hat. Es gibt genug frische Luft, um leicht zu atmen.

Jetzt blick zur Decke. Dabei beginnst du ein Bild der Menschen wahrzunehmen, die deine geistige Entwicklung beeinflußt haben. Hinter ihnen stehen alle Beurteilungen an die Decke geschrieben, die du von ihnen bekommen hast.

Erlaube dir, sie so klar wie möglich zu sehen, und lies die

Beurteilungen, eine nach der anderen. Stell fest, wie sich dein Körper dabei anfühlt.

Wie haben sich die Urteile auf dein Leben ausgewirkt?

Auf welche Weise hast du versucht, dich gegen diese Beurteilungen zu wehren?

Jetzt hole lang und tief Luft. Erlaube dir, alle alten Verteidigungsstrategien loszulassen, mit denen du dich gewöhnlich verteidigst. Laß alle Spannungen in deinem Körper und alle Argumente in deinem Verstand los. Atme!

Sieh alle diese Menschen, wie sie wirklich sind: eben menschliche Geschöpfe mit ihrem eigenen Schmerz und ihren eigenen Selbsturteilen, die von dir getrennt sind. Spüre dieses Getrenntsein. Spüre deine eigene individuelle Identität.

Jetzt laß die Bilder dieser Menschen davonziehen. Atme tief durch, und fang im Geist an, die Decke sauberzuwischen.

Falls du willst, kannst du dir auch vorstellen, wie du ein weißes Tuch in der Hand hältst und damit die Decke abwischst. Während du das tust, beobachtest du, wie sie sich vor deinen Augen auflöst.

Wenn du fertig bist, ist die Decke verschwunden, und nur ein offener Raum bleibt. Spüre die Freiheit. Atme tief ein und aus.

Jetzt wende dich einer Wand zu. Dabei beginnst du zu bemerken, wie sich ein Bild deiner Mutter formt. Hinter ihr an der Wand stehen alle Beurteilungen, die du von ihr bekommen hast.

Sieh deine Mutter so deutlich wie möglich, und lies die Beurteilungen eine nach der anderen. Dabei beobachte, wie dein Körper sich anfühlt.

Wie haben diese Beurteilungen dein Leben beeinflußt?

Wie hast du versucht, dich gegen ihre Urteile zu wehren?

Jetzt atme lang und tief. Erlaube dir, alle Arten der Verteidigung, die du gewöhnlich benutzt, loszulassen. Laß alle Spannungen in deinem Körper und alle Argumente in deinem Verstand los. Atme!

Sieh deine Mutter, wie sie wirklich ist: ein Mensch mit seinem eigenen Schmerz, seinen eigenen Selbsturteilen, jemand, der von dir getrennt ist. Spüre das Getrenntsein. Spüre deine eigene individuelle Identität.

Jetzt laß das Bild deiner Mutter los. Atme tief durch, und fang im Geist an, die Wand sauberzuwischen. Falls du willst, kannst du dir auch vorstellen, wie du ein weißes Tuch in der Hand hältst und damit die Wand säuberst. Dabei bemerkst du, wie sich die Wand vor deinen Augen auflöst.

Wenn du fertig bist, ist die Wand verschwunden, und ein offener Raum bleibt. Spüre die Freiheit. Atme tief ein und aus.

Wende dich jetzt nach rechts, zur nächsten Wand. Wenn du vor der Wand stehst, beginnst du zu bemerken, wie sich ein Bild deines Vaters formt. Hinter ihm an der Wand stehen alle Beurteilungen, die du von ihm bekommen hast.

Sieh deinen Vater so deutlich wie möglich, und lies die Urteile, eines nach dem anderen. Dabei beobachte, wie dein Körper sich anfühlt.

Wie haben diese Beurteilungen dein Leben beeinflußt?

Wie hast du versucht, dich gegen seine Urteile zu wehren? Jetzt atme lang und tief. Erlaube dir, alle Arten der Verteidigung, die du gewöhnlich benutzt, loszulassen. Laß alle Spannungen in deinem Körper und alle Argumente in deinem Verstand frei. Atme!

Sieh deinen Vater, wie er wirklich ist: ein Mensch mit seinem eigenen Schmerz, seinen eigenen Selbsturteilen, jemand, der von dir getrennt ist. Spüre das Getrenntsein. Spüre deine eigene individuelle Identität.

Jetzt laß das Bild deines Vaters los. Atme tief durch, und fang im Geist an, die Wand sauberzuwischen. Falls du willst, kannst du dir auch vorstellen, wie du ein weißes Tuch in der Hand hältst und damit die Wand säuberst. Dabei bemerkst du, wie sich die Wand vor deinen Augen auflöst.

Wenn du fertig bist, ist die Wand verschwunden, und ein offener Raum bleibt. Spüre die Freiheit. Atme tief ein und aus.

Wende dich wieder nach rechts, zur nächsten Wand. Sobald du vor der Wand stehst, beginnst du zu merken, wie sich Bilder von andren Familienmitgliedern und von Freunden formen. Hinter ihnen an der Wand stehen alle Beurteilungen, die du von ihnen bekommen hast.

Sieh sie alle so deutlich wie möglich, und lies die Urteile, eines nach dem anderen. Dabei stell fest, wie dein Körper sich anfühlt.

Wie haben diese Beurteilungen dein Leben beeinflußt?

Wie hast du versucht, dich gegen ihre Urteile zu wehren?

Jetzt tu einen langen, tiefen Atemzug. Erlaube dir, alle Arten der Verteidigung, die du gewöhnlich benutzt, loszulassen. Laß alle Spannungen in deinem Körper und alle Argumente in deinem Verstand frei.

Sieh deine Familie und deine Freunde, wie sie wirklich sind: Menschen mit ihrem eigenen Schmerz, ihren eigenen Selbsturteilen, Leute, die von dir getrennt sind. Spüre das Getrenntsein. Spüre deine eigene individuelle Identität.

Jetzt laß die Bilder deiner Familie und deiner Freunde los. Atme tief durch, und fang im Geist an, die Wand sauberzuwischen. Falls du willst, kannst du dir auch vorstellen, wie du ein weißes Tuch in der Hand hältst und damit die Wand säuberst. Dabei bemerkst du, wie sich die Wand vor deinen Augen auflöst.

Wenn du fertig bist, ist die Wand verschwunden, und ein offener Raum bleibt. Spüre die Freiheit. Atme tief ein und aus.

Wende dich wieder nach rechts, zur nächsten Wand. Sobald du vor der Wand stehst, beginnst du zu bemerken, wie sich Bilder von Leuten formen, die du in deiner Ausbildung und im Beruf gekannt hast. Hinter ihnen an der Wand stehen alle Beurteilungen, die du von ihnen bekommen hast.

Sieh sie so deutlich wie möglich, und lies die Urteile, eines nach dem anderen. Dabei stell fest, wie dein Körper sich anfühlt.

Wie haben diese Beurteilungen dein Leben beeinflußt?

Wie hast du versucht, dich gegen diese Urteile zu wehren?

Jetzt tu einen langen, tiefen Atemzug. Erlaube dir, alle Arten der Verteidigung, die du gewöhnlich benutzt, loszulassen. Laß alle Spannungen in deinem Körper und alle Argumente in deinem Verstand frei.

Sieh diese Menschen, wie sie wirklich sind: Menschen mit ihrem eigenen Schmerz, ihren eigenen Selbsturteilen, Leute, die von dir getrennt sind. Spüre das Getrenntsein. Spüre deine eigene individuelle Identität.

Jetzt laß die Bilder los. Atme tief durch, und fang im Geist an, die Wand sauberzuwischen. Falls du willst, kannst du dir auch vorstellen, wie du ein weißes Tuch in der Hand hältst und damit die Wand säuberst. Dabei bemerkst du, wie sich die Wand vor deinen Augen auflöst.

Wenn du fertig bist, ist die Wand verschwunden, und ein offener Raum bleibt. Spüre die Freiheit. Atme tief ein und aus.

Jetzt wende dich dem Boden unter deinen Füßen zu. Während du nach unten blickst, beginnst du zu bemerken, wie sich ein Bild von dir selbst formt. Hinter dir sind alle Selbsturteile auf den Boden geschrieben.

Sieh dein Bild so deutlich wie möglich, und lies die Urteile, eines nach dem anderen. Dabei beobachte, wie dein Körper sich anfühlt.

Wie haben diese Beurteilungen dein Leben beeinflußt?

Wie hast du versucht, dich gegen deine eigenen Urteile zu wehren?

Jetzt tu einen langen, tiefen Atemzug. Erlaube dir, alle Arten der Verteidigung, die du gewöhnlich benutzt, loszulassen. Laß alle Spannungen in deinem Körper und alle Argumente in deinem Verstand frei.

Jetzt sieh dich, wie du wirklich bist: ein Mensch, der viel zu viele Beurteilungen von anderen Leuten in sich aufgenommen hat. Welche deiner Selbsturteile enthalten ein Körnchen Wahrheit – eine Wahrheit, die erhaltenswert ist?

Welche Beurteilungen sind falsch oder verzerrt?

Welche Urteile solltest du jetzt loslassen?

Atme tief durch, und beginne, die Urteile wegzuwischen, die du loslassen möchtest. An ihre Stelle schreibst du ein paar konstruktive Wahrheiten über dich selbst.

Wenn du fertig bist, richte dich auf, und fühle die Festigkeit und Sicherheit des Bodens unter deinen Füßen. Atme!

Bleib dir der Wahrheit und des Bodens unter den Füßen bewußt, und wenn du bis zehn gezählt hast, öffne die Augen: eins, zwei, drei, vier, fünf, sechs, sieben, acht, neun, zehn.

Sein Urteil ändern

Diese Meditation wird dir ermöglichen, Meinungen über andere Menschen zu überprüfen und zu ändern.

Nimm eine bequeme Position ein, entweder im Sitzen oder im Liegen. Die Arme sind nicht gekreuzt, die Beine nicht übereinandergeschlagen. Schließe die Augen. Atme einmal lang und tief ein und langsam wieder aus. Deine Atmung soll voll, tief und entspannt sein.

Während du von zehn bis null zählst, kommt dein Verstand zur Ruhe, und du wirst empfänglich für die Weisheit deines Unbewußten und seiner Heilkraft: zehn, neun, acht, sieben, sechs, fünf, vier, drei, zwei, eins, null. Jetzt bist du ganz tief entspannt.

Stell dir vor, deine Mutter sitzt oder steht vor dir.

Sieh sie so deutlich wie möglich an, und nimm wahr, wie du dich in ihrer Gegenwart fühlst.

Was für Urteile hast du über deine Mutter?

Welches Urteil enthält Ärger?

Traurigkeit?

Angst?

Jetzt atme tief durch, und blicke deiner Mutter tief in die Augen. Sieh sie deutlich als einen Menschen mit einer eigenen Geschichte und einer eigenen Kindheit. Sieh ihren Kampf, ihren Schmerz, ihre Schwächen.

Sieh ihre Stärke, ihre Liebe, ihre Lebenskraft.

Gib deine Bindung an deine eigenen Gefühle von Angst, Trauer und Zorn frei.

Da du deine Mutter jetzt deutlicher siehst – welche Urteile mußt du ändern?

Welche Urteile enthalten Wahrheit?

Jetzt atme tief durch. Erlaube dir, deine früheren Urteile in wahre Aussagen zu verwandeln.

Wenn du deine Mutter jetzt wieder ansiehst – erscheint sie dir verändert?

Nun laß deine Mutter vorsichtig los.

Stell dir vor, daß dein Vater vor dir sitzt oder steht. Sieh ihn so deutlich wie möglich, und nimm wahr, wie du dich in seiner Gegenwart fühlst.

Was für Urteile hast du über deinen Vater?

Welches Urteil enthält Ärger?

Traurigkeit?

Angst?

Jetzt atme tief durch, und blicke deinem Vater tief in die Augen. Sieh ihn deutlich als einen Menschen mit eigener Geschichte und einer eigenen Kindheit. Sieh seinen Kampf, seinen Schmerz, seine Schwächen.

Sieh seine Stärke, seine Liebe, seine Lebenskraft.

Gib deine Bindung an deine eigenen Gefühle von Angst, Trauer und Zorn frei.

Da du deinen Vater jetzt deutlicher siehst – welche Urteile mußt du ändern?

Welche Urteile enthalten Wahrheit?

Jetzt atme tief durch. Erlaube dir, deine früheren Urteile in wahre Aussagen zu verwandeln.

Wenn du deinen Vater jetzt wieder ansiehst – erscheint er dir verändert?

Nun laß deinen Vater vorsichtig los.

Stell dir vor, daß andere Familienmitglieder oder Freunde vor dir sitzen oder stehen. Sieh sie so deutlich wie möglich an, und nimm wahr, wie du dich in ihrer Gegenwart fühlst.

Was für Urteile hast du über deine Familie und deine Freunde?

Welches Urteil enthält Ärger?

Traurigkeit?

Angst?

Jetzt atme tief durch, und blicke ihnen tief in die Augen, und betrachte sie deutlich als menschliche Wesen mit eigener Geschichte und eigener Kindheit. Sieh ihren Kampf, ihren Schmerz, ihre Schwächen.

Sieh ihre Stärke, ihre Liebe, ihre Lebenskraft.

Gib deine Bindung an deine eigenen Gefühle von Angst, Trauer und Zorn frei.

Da du deine Familie und deine Freunde jetzt deutlicher siehst – welche Urteile mußt du ändern?

Welche Urteile enthalten Wahrheit?

Jetzt atme tief durch. Erlaube dir, deine früheren Urteile in wahre Aussagen zu verwandeln.

Wenn du diese Menschen jetzt wieder ansiehst – erscheinen sie dir verändert?

Nun laß sie vorsichtig los.

Stell dir vor, daß Leute aus deiner Ausbildungszeit und deinem Beruf vor dir sitzen oder stehen. Sieh sie so deutlich wie möglich an, und nimm wahr, wie du dich in ihrer Gegenwart fühlst.

Was für Urteile hast du über sie?

Welches Urteil enthält Ärger?

Traurigkeit?

Angst?

Jetzt atme tief durch, und blicke ihnen tief in die Augen, und sieh sie deutlich als Menschen mit eigener Geschichte und eigener Kindheit. Sieh ihren Kampf, ihren Schmerz, ihre Schwächen.

Sieh ihre Stärke, ihre Liebe, ihre Lebenskraft.

Gib deine Bindung an deine eigenen Gefühle von Angst, Trauer und Zorn frei.

Da du diese Menschen jetzt deutlicher siehst – welche Urteile mußt du ändern?

Welche Urteile enthalten Wahrheit?

Jetzt atme tief durch. Erlaube dir, deine früheren Urteile in wahre Aussagen zu verwandeln.

Wenn du diese Menschen jetzt wieder ansiehst – erscheinen sie dir verändert?

Nun laß sie vorsichtig los.

Stell dir vor, daß die Menschen, die bei deiner religiösen Erziehung eine Rolle gespielt haben oder mit deinem gegenwärtigen, geistigen Leben zu tun haben, vor dir sitzen oder stehen.

Sieh sie so deutlich wie möglich an, und nimm wahr, wie du dich in ihrer Gegenwart fühlst.

Was für Urteile hast du über sie?

Welches Urteil enthält Ärger?

Traurigkeit?

Angst?

Jetzt atme tief durch, und blicke ihnen tief in die Augen, und sieh sie deutlich als Menschen mit eigener Geschichte und eigener Kindheit an. Sieh ihren Kampf, ihren Schmerz, ihre Schwächen.

Sieh ihre Stärke, ihre Liebe, ihre Lebenskraft.

Gib deine Bindung an deine eigenen Gefühle der Angst, Traurigkeit und Zorn frei.

Da du diese Menschen jetzt deutlicher siehst – welche Urteile mußt du ändern?

Welche Urteile enthalten Wahrheit?

Jetzt atme tief durch. Erlaube dir, deine früheren Urteile in Aussagen von Wahrheit zu verwandeln.

Wenn du diese Menschen jetzt wieder ansiehst – erscheinen sie dir verändert?

Nun laß sie vorsichtig los.

Und schließlich stell dir vor, daß du selbst vor dir stehst oder sitzt. Sieh dich so deutlich wie möglich, und beobachte, wie du dich fühlst.

Was für Urteile hast du über dich selbst?

Welches Urteil enthält Ärger?

Traurigkeit?

Angst?

Jetzt atme tief durch, und blicke dir tief in die Augen, und sieh dich deutlich als Menschen mit eigener Geschichte und eigener Kindheit. Sieh deinen Kampf, deinen Schmerz, deine Schwächen.

Sieh deine Stärke, deine Liebe, deine Lebenskraft.

Gib deine Bindung an deine eigenen Gefühle von Angst, Traurigkeit und Zorn frei.

Da du dich jetzt deutlicher siehst – welche Urteile mußt du ändern?

Welche Urteile enthalten Wahrheit?

Jetzt atme tief durch. Erlaube dir, deine früheren Urteile in wahre Aussagen zu verwandeln.

Wenn du dich jetzt noch einmal ansiehst – erscheinst du dir verändert?

Atme tief durch, und stelle fest, wie du dich fühlst. Erlaube dir, die Freiheit und Offenheit zu erleben, die entsteht, wenn du das Urteilen freigibst und die Wahrheit annimmst. Nachdem du bis zehn gezählt hast, kannst du die Augen öffnen: eins, zwei, drei, vier, fünf, sechs, sieben, acht, neun, zehn.

Mit Verlust umgehen

Diese Meditation soll dir helfen, Verluste zu heilen, die du in deinem Leben erlitten hast. Sie kann dich dabei unterstützen, die Trauer bei Verlust durch Tod oder Beendigung einer Beziehung zu heilen. Du kannst mit ihr die emotionale Verlassenheit deiner Kindheit klären oder Verluste bewältigen, die du erst kürzlich erlitten hast. Manche Leute verwenden diese Meditation sogar, um über den Tod eines geliebten Tieres hinwegzukommen. Dies ist eine tiefreichende Meditation. Am besten machst du sie, wenn du allein bist und die Zeit hast, anschließend bei deinen Gefühlen verweilen zu können. Vor Meditationsbeginn wähle den Menschen – oder das Tier –, auf den du dich in der Meditation einstellen möchtest. Falls es mehrere sind, meditiere für jedes Lebewesen gesondert.

Nimm eine bequeme Position ein, entweder im Sitzen oder im Liegen. Die Arme sind nicht gekreuzt, die Beine nicht übereinandergeschlagen. Schließe die Augen. Atme einmal lang und tief ein und langsam wieder aus. Deine Atmung soll voll, tief und entspannt sein.

Während du von zehn bis null zählst, kommt dein Verstand zur Ruhe, und du wirst empfänglicher für die Weisheit deiner Seele und ihrer Heilkraft: zehn, neun, acht, sieben, sechs, fünf, vier, drei, zwei, eins, null. Jetzt bist du ganz tief entspannt.

Erlaube dir jemanden vorzustellen, den du verloren hast.

Sieh ihn so klar wie möglich, wie er vor dir sitzt oder vor dir steht.

Sieh ihm in die Augen, und spüre seine Gegenwart. Atme!

Laß zu, daß du die Traurigkeit und Trauer über den Verlust dieses geliebten Menschen voll durchlebst.

Bleib mit deinem Herzen in Verbindung, deiner Atmung und deinem Körpergefühl.

Nimm wahr, wo im Körper du die meiste Trauer empfindest.

Jetzt erlaube dir, jede Schuld zu spüren, die du bezüglich dieser Person empfindest.

Bleib in Verbindung mit deinem Herzen, deiner Atmung und deinem Körper.

Nimm wahr, wo im Körper du die meiste Schuld empfindest.

Jetzt erlaube dir, jeden Ärger zu spüren, den du über diesen Menschen hast.

Bleib in Verbindung mit deinem Herzen, deiner Atmung und deinem Körper.

Nimm wahr, wo im Körper du den meisten Ärger empfindest.

Atme lang und tief ein und langsam wieder aus. Dabei fang an, die Emotionen von Trauer, Schuld und Ärger aus deinem Körper zu entlassen.

Stell dir ein strahlendes weißes Licht vor, das oben am Himmel schimmert und leuchtet, genau über deinem Kopf.

Stell dir vor, wie das Licht auf dich herabscheint, dich einhüllt und durchdringt.

Während dieses Licht in deinen Körper eintritt, erlaube ihm, dir dabei zu helfen, die Gefühle von Traurigkeit,

Schuld und Ärger zu heilen und loszulassen. Erlaube diesem Licht, den Reinigungsprozeß des Loslassens der Vergangenheit zu beginnen.

Stell dir vor, wie dieses weiße Licht in die Mitte deiner Brust fließt, dort, wo dein Herzzentrum von Liebe und Mitgefühl ist. Spüre, wie es dein Herz erfüllt und in einer kreisförmigen Bewegung fließt.

Sobald du dich bereit fühlst, diesem Menschen für alle Schmerzen zu vergeben, die er dir verursacht hat, laß das weiße Licht zu einem sanften Rosa werden, der höheren Energie des Herzens und der Farbe der Vergebung.

Sieh und spür, wie dieses rosafarbene Licht zu dem anderen Menschen hinüberreicht und zart in sein Herz fließt. Atme!

Sieh, wie dieser Mensch Licht, Liebe, Vergebung und Heilung empfängt, die du ihm schickst.

Spüre die Verbundenheit in Mitgefühl und Vergebung, die du in diesem Augenblick erlebst.

Gestatte dieser Verbundenheit, jedes Gefühl von Verlust, das du hattest, zu schmelzen. Spür, wie die Heilenergie in einem Kreis wieder zurück in dein Herz fließt.

Jetzt fließt ein Kreis von rosafarbenem Licht durch und zwischen euch beiden und verbindet euch auf einer tiefen geistigen Ebene.

Du erkennst jetzt die Kraft eurer Verbundenheit und erlaubst dir, diesem Menschen Lebewohl zu sagen. Atme.

Stell dir vor, wie das Licht sich zwischen euch beiden an einem Punkt trennt und gleich viel Licht in eure Herzen zurückströmt.

In dem Wissen, daß du voll dieses Lichts und dieser Liebe bist, laß das Bild vorsichtig los.

Bleib dir dieser tiefgehenden Heilung bewußt. Wenn du bis zehn gezählt hast, öffne die Augen: eins, zwei, drei, vier, fünf, sechs, sieben, acht, neun, zehn.

Öffnung des Herzens

Diese Meditation wird dir helfen, dein Herz einem Menschen zu öffnen, dem du vergeben möchtest. Bedenke, daß es sich bei Vergebung nicht darum handelt, stillschweigend zu übergehen, was jemand getan hat.

Einem Menschen zu vergeben bedeutet, ihn klar und ehrlich zu sehen und dann die Vergangenheit loszulassen, damit sie nicht deine Zukunft beherrscht.

Nimm eine bequeme Position ein, entweder im Sitzen oder im Liegen. Die Arme sind nicht gekreuzt, die Beine nicht übereinandergeschlagen. Schließe die Augen. Atme einmal lang und tief ein und langsam wieder aus. Deine Atmung soll voll, tief und entspannt sein.

Während du von zehn bis null zählst, kommt dein Verstand zur Ruhe, und du wirst empfänglicher für die Weisheit deiner Seele und ihrer Heilkraft: zehn, neun, acht, sieben, sechs, fünf, vier, drei, zwei, eins, null. Jetzt bist du ganz tief entspannt.

Stell dir einen Menschen vor, der dich oft dazu veranlaßt, dein Herz zu verschließen. Sieh diese Person so klar wie möglich, wie sie vor dir sitzt oder steht.

Nimm wahr, wie du dich in Gegenwart dieses Menschen fühlst.

Wie fühlt sich dein Körper an?

Achte auf deine Atmung. Was für Gefühle hast du?

Was hat diese Person an sich, daß du ihr gegenüber dein Herz so verschließt?

Hast du irgendwie Angst vor ihr?

Versuchst du irgendwie, dich zu verteidigen?

Was veranlaßt dich, in Gegenwart dieses Menschen dein Herz zu verschließen?

Jetzt tu einen langen, tiefen Atemzug und sieh, ob du beginnen kannst, das zu entlassen, wovor du Angst hast oder worüber du dich ärgerst.

Entlasse alle negativen Energien und Gefühle aus deinem Körper und Herzen, die du vorher gegenüber diesem Menschen gehabt hast.

Richte deine Aufmerksamkeit hoch über deinem Kopf bis in den Himmel, und verbinde dich mit einem strahlenden, funkelnden weißen Licht, wie von einem Stern.

Spür, wie diese Lichtenergie in einem sanften Strom herabkommt und dich einhüllt und durchdringt.

Öffne dich, um diese Lichtenergie zu empfangen, und spüre, wie sie um dich und durch deinen Körper zu fließen beginnt. Atme sie in deine Lungen ein, und spüre, wie sie in dein Herz eintritt.

Gestatte deinem Herzen, dem Zentrum der Liebe und des Mitgefühls, sich dieser Lichtenergie zu öffnen, und spüre, wie sie in einer kreisförmigen Bewegung in der Mitte deiner Brust fließt.

Während du weiter tief ein- und ausatmest, spürst du, wie dein Herz durch das Mitgefühl immer stärker wird.

Öffne dein Herz allmählich immer weiter, und fühle, wie die Kraft seiner Energie deinen ganzen Körper durchdringt.

Spüre, wie sie durch deinen Rumpf in Beine und Füße fließt.

Und hoch zu Schultern, Armen und Händen.

Spüre, wie sich dein Rückgrat mit Lichtenergie füllt.

Habe den Mut, die Person vor dir klar zu sehen. Sieh ihre Menschlichkeit: die Schwächen, Fehler, Ängste, Ärger, Traurigkeit, Verlust.

Sieh die Entscheidungen, die diese Person getroffen hat und auf welche Weise sie dich verletzt haben.

Sieh diese Person als Neugeborenes, noch unschuldig und schön.

Laß dein Herz geöffnet. Atme tief durch, und fühle die Kraft und das Mitgefühl in deinem Herzen.

Laß zu, daß sich dein Herz mit Mitgefühl, Vergebung und Heilung füllt.

Erfahre immer weiter eine wachsende Vergebung und wachsendes Mitgefühl, bis dein Herz sich soweit ausdehnt, wie du es nie für möglich gehalten hättest.

Spüre, wie dein ganzes Wesen mit dem Licht der Vergebung angefüllt ist.

Erlebe, die du Licht und Mitgefühl, Heilung und Vergebung ausstrahlst.

Mit geöffnetem Herzen und kraftvoll spürst du, wie du die Vergangenheit losläßt.

Spüre, wie dein ganzes Wesen so von der Kraft der Vergebung erfüllt ist, daß sie von dir zu der anderen Person fließt und eure Beziehung heilt.

Du kannst Heilung bewirken durch deine Gegenwart, eine Gegenwart, erfüllt von Vergebung.

In dem Wissen, daß die Heilkraft der Vergebung in deinem Herzen weiterwirken wird, kannst du das Bild der anderen Person loslassen.

Nachdem du bis zehn gezählt hast, kannst du die Augen öffnen: eins, zwei, drei, vier, fünf, sechs, sieben, acht, neun, zehn.

Reue

Diese Meditation wird dir helfen, Schuld in die Heilkraft der Reue umzuwandeln. Es ist eine starke Meditation der Selbstheilung, die vergangene Fehler ausmerzen kann und dir erlaubt, Schritte zu unternehmen, die dein Selbstbild und deine Beziehungen zu anderen Menschen anhaltend heilen.

Nimm eine bequeme Position ein, entweder im Sitzen oder im Liegen. Die Arme sind nicht gekreuzt, die Beine nicht übereinandergeschlagen. Schließe die Augen. Atme einmal lang und tief ein und langsam wieder aus. Deine Atmung soll voll, tief und entspannt sein.

Während du von zehn bis null zählst, kommt dein Verstand zur Ruhe, und du wirst empfänglicher für die Weisheit deiner Seele und ihre Heilkraft: zehn, neun, acht, sieben, sechs, fünf, vier, drei, zwei, eins, null. Jetzt bist du ganz tief entspannt.

Stell dir vor, wie du vor einem großen Spiegel mit einem phantastischen vergoldeten Rahmen stehst. Sieh dir den komplizierten Rahmen genau an.

Jetzt blick hinein, und sieh das Bild, das du der Welt präsentierst. Prüfe genau alle komplizierten Einzelheiten dieses Bildes.

Was für Qualitäten und Charakteristiken scheint dieses Bild im Spiegel auszustrahlen? Möchtest du, daß die Leute dich so sehen?

Wie hältst du diesen Eindruck aufrecht? Was für Schutzmechanismen hast du?

Wie verbirgst du deine Gefühle, wenn du etwas getan oder gesagt hast, das dir nicht gefällt?

Jetzt atme tief ein und wieder aus. Stell dir vor, wie du die Augen schließt, um diesen Spiegel nicht zu sehen. Mach einen großen Schritt nach links. Wenn du deine Augen wieder öffnest, wirst du vor einem anderen Spiegel stehen, dem Spiegel deines wahren Selbst. Was siehst du jetzt?

Sieh direkt in diesen Spiegel. Stell dich seiner Wahrheit. Was siehst du?

Welche Qualitäten und Charakteristiken versteckst du vor der Außenwelt?

Betrachte den Spiegelrahmen genau. Auf welche Weise ist er verschieden von dem anderen?

Jetzt sieh mitten in den Spiegel, sieh dich selbst. Gibt es irgend etwas, das du unternommen hast, oder Worte, die du gesagt hast, was dich schuldig fühlen läßt.

Jetzt atme tief durch. Dabei erlaube dir, in dein Herz in der Mitte der Brust zu versinken. Versinke in dein Zentrum von Liebe und Mitgefühl, und erlaube dir, die Traurigkeit unter der Schuld zu fühlen. Atme!

Spüre die tiefe Reue, die dein Menschsein begleitet. Spüre deine Verletzlichkeit, Unvollkommenheit und deine Irrtümer.

Gib zu, in deinem Herzen, auf welche Weise du andere und dich selbst betrogen hast.

Und jetzt werde dir bewußt, wie du diese Beziehungen gern heilen würdest.

Was könntest du tun? Was für Worte könntest du sagen? Was würde es dich kosten, deine Vergangenheit und deine Gegenwart zu heilen?

Jetzt stell dir vor, wie du alles Notwendige unternimmst, die Beziehungen zu dir und die Beziehungen zu anderen zu heilen.

Stell dir vor, wie du jeden Menschen um Vergebung bittest, den du verletzt hast. (Pause von sechzig Sekunden.)

Jetzt sieh direkt in den Spiegel, und bitte dich selbst um Vergebung. Wie ist deine Reaktion?

Jetzt atme tief ein und aus, und spüre die Heilung, die in deinem Herzen beginnt. Die Heilkraft der Wahrheit, der Reue und der Vergebung.

Sitze, solange du möchtest, und erst wenn du dazu bereit bist, zähle bis zehn und öffne die Augen: eins, zwei, drei, vier, fünf, sechs, sieben, acht, neun, zehn.

Selbstvergebung

Diese Meditation wird dir helfen, die Vergangenheit sowie Schuld und Scham loszulassen und dein Herz zu heilen. Selbstvergebung ist ein wesentlicher Teil des Heilungsprozesses, weil sie das Herz für Liebe und Heilenergie öffnet. Während der Meditation wirst du Gelegenheit haben, diese Energie in den eigenen Händen zu erspüren und mit deinem Herzen ein kurzes Handauflegen zu machen.

Nimm eine bequeme Position ein, entweder im Sitzen oder im Liegen. Die Arme sind nicht gekreuzt, die Beine nicht übereinandergeschlagen. Schließe die Augen. Atme einmal lang und tief ein und aus. Deine Atmung soll voll, tief und entspannt sein.

Während du von zehn bis null zählst, kommt dein Verstand zur Ruhe, und du wirst empfänglich für die Weisheit deiner Seele und ihrer Heilkraft: zehn, neun, acht, sieben, sechs, fünf, vier, drei, zwei, eins, null. Jetzt bist du ganz tief entspannt.

Richte deine Aufmerksamkeit auf einen Punkt hoch über deinem Kopf, oben im Himmel, und verbinde dich mit einer strahlenden, kraftvollen weißen Lichtenergie, die auf dich herabfließt.

Erlaube dir, dieses weiße Licht zu erfahren, wie es um dich fließt und durch dich fließt und deinen Körper mit seinem Leuchten erfüllt.

Mit jedem Atemzug atmest du dieses Licht ein. Während es dich erfüllt und umgibt, durchdringt es dein ganzes Wesen und vereint sich mit dem Fluß an Lebensenergie, der bereits durch deinen Körper strömt.

Stell deine Aufmerksamkeit auf dieses weiße Licht in der Mitte deiner Brust ein, dein Zentrum von Liebe und Mitgefühl, dein Herzchakra. Spüre, wie es sich sanft kreisförmig bewegt und dein Herz öffnet.

Atme. Gestatte deinem Herzen, sich mit Liebe und Mitgefühl, Licht und Glanz zu füllen und zu öffnen.

Jetzt visualisierst du dich selbst, wie du vor dir sitzt. Sieh dich so deutlich wie möglich, als blicktest du in einen Spiegel oder auf eine Fotografie.

Sieh und fühle alle deine Mängel, Furcht, Zorn, Schuld und Scham: All die Dinge, die dich daran hindern, dich zu lieben.

Sieh, was du alles unternimmst, um dich zu schützen und zu verteidigen.

Sieh all die Fälle, in denen es dir mißglückt ist, deinen Erwartungen gerecht zu werden.

Schick das weiße Licht des Mitgefühls und der Eigenliebe aus deinem Herzen zu dir, und sieh, wie es in dein Herz dringt und dort aufgenommen wird.

Fühle und sieh, wie dieses Licht der Liebe durch dich fließt und hinaus zu diesem anderen Ich von dir, in das Herz eintritt und aufgenommen wird.

Vergib dir selbst.

Gestatte dieser Selbstvergebung, die Wunden deines Herzens mit neuem Licht und neuer Selbstliebe zu heilen.

Jetzt vertausch die Rollen, und werde zu dem anderen Ich.

Werde zu dem Ich, dem vergeben wird.

Spüre, wie Vergebung und Licht in dein Herz dringen.

Spüre die zarte Kraft dieser Vergebung und Liebe, und erlaube dir, dich gesegnet zu fühlen.

Laß dieses weiße Licht und diese Liebe sich durch dich ergießen, durch deinen ganzen Körper: in deinen Rumpf, deine Beine und Füße.

Hinauf in Kehle und Nacken, Arme und Hände.

Hinunter durch die Schultern, Arme und Hände.

Erlaube diesem Licht der Liebe, durch dich zu fließen, dich zu reinigen, dich zu heilen, dich zu befreien.

Und jetzt, während du die Augen geschlossen hältst, stell dir das Licht in deinen Händen vor.

Sehr sanft hebst du die Hände und hältst sie etwa 15 cm voneinander entfernt, die Handflächen zueinander. Entspanne Hände und Finger.

Bewege die Hände aufeinander zu, bis du die Energie zwischen ihnen verspürst.

Dies ist die Energie der Heilung, der Liebe und Vergebung.

Diese Energie ist greifbar und real. Sie ist deine Teilnahme an der Schöpfung.

Mit immer noch geschlossenen Augen hebst du die Hände jetzt bis zum Kopf, bis die Handflächen nur noch ein paar Zentimeter vom Gesicht entfernt sind.

Bewege die Hände auf dein Gesicht zu, bis du die Energie zwischen Händen und Gesicht fühlen kannst.

Und dann senke sie sehr langsam, bis sie vor deiner Kehle sind.

Und laß sie weitergleiten bis zur Brust, wo dein Herz ruht. Spüre den Kontakt der Energie zwischen den Händen und dem Herzen. Atme!

Während du dir nun vergibst, nimmst du teil an der Versöhnung und dem Frieden deines eigenen Herzens.

Und an der Versöhnung und dem Frieden der ganzen Schöpfung.

Erlaube dir, so lange in diesem tiefen Zustand der Heilung zu bleiben, wie du möchtest. Nachdem du bis zehn gezählt hast, öffne die Augen, sobald du dazu bereit bist: eins, zwei, drei, vier, fünf, sechs, sieben, acht, neun, zehn.

Selbstliebe

Diese Meditation wird dir helfen, mit dem ewigen Licht der Schöpfung, das in deinem Herzen lebt, in Berührung zu kommen – der Heilkraft der Selbstliebe.
Dies ist eine wunderbare Meditation, die man täglich machen sollte.

Nimm eine bequeme Position ein, entweder im Sitzen oder im Liegen. Die Arme sind nicht gekreuzt, die Beine nicht übereinandergeschlagen. Schließe die Augen. Atme einmal lang und tief ein und langsam wieder aus. Deine Atmung soll voll, tief und entspannt sein.

Während du von zehn bis null zählst, kommt dein Verstand zur Ruhe, und du wirst empfänglich für die Weisheit deiner Seele und ihrer Heilkraft: zehn, neun, acht, sieben, sechs, fünf, vier, drei, zwei, eins, null. Jetzt bist du ganz tief entspannt.

Laß dich tief, ganz tief in dich fallen. Laß dich in dein Herz fallen. Atme!

Laß dich in den stillen, ruhigen Ort in dir fallen. Hinein in das Zentrum deines Herzens, das Zentrum von Liebe und Mitgefühl.

Nimm die Hände und lege sie über dein Herz. Während du tief atmest, erlaubst du, daß dein Herz sich von innen öffnet.

Während sich dein Herz öffnet, kannst du sehen und fühlen, wie das ewige Licht der Schöpfung durch die Dunkelheit zu scheinen beginnt.

All die dunklen, abgelehnten, verlassenen Teile von dir fangen an, sich zur Seite zu bewegen, während das Licht stärker und heller wird.

Dieser innere Gott, die ewige Flamme der Liebe, befindet sich genau im Mittelpunkt deines Seins. Spüre, wie diese Flamme heller und heller wird, während sich dein Herz öffnet.

Empfinde die Wärme dieser Flamme, die aus deinem Herzen fließt und durch deinen ganzen Körper und dich mit Licht und Liebe erfüllt.

Während diese Liebe durch jede Zelle deines Körpers fließt, fühle ihre heilende Gegenwart.

Spüre, wie sie aus deinem Herzen und in deine Arme und Hände fließt und dann zurück in dein Herz.

Spüre diese tiefe Liebe, Selbstliebe, während du das Licht der Schöpfung gibst und empfängst. All diese Liebe, diese Heilung und dieses Licht, die du enthältst, fließen von dir weg und in dich zurück.

Werde dir der Heilkraft dieser Selbstliebe bewußt, deiner Annahme von dir, so wie du bist, aus Licht und Dunkelheit, die Frieden miteinander schließen.

Erlaube, daß diese Selbstliebe deine Seele, deinen Körper, dein ganzes Wesen so durchdringt, daß du einen tiefen Frieden in dir erschaffst.

Bleibe so lange, wie du willst, im Zentrum der Selbstliebe.

Wenn du bis zehn gezählt hast, öffne die Augen: eins, zwei, drei, vier, fünf, sechs, sieben, acht, neun, zehn.

Kapitel 3
Geistige Selbstverteidigung

Wir verbringen die meiste Zeit des Tages im Energiefeld unserer Mitmenschen. Viele von uns schlafen neben einem anderen, nehmen die Mahlzeiten im Kreis der Familie ein, essen mit Freunden und Kollegen und teilen ihr Büro mit anderen Angestellten. Wohnen wir in einer großen Stadt, bedeutet schon eine Straße entlanggehen, daß wir von Hunderten von Fremden umgeben sind, und das Tag für Tag.

Kommen wir von der Arbeit nach Hause, so treffen wir nicht nur unsere Familie oder sind mit Freunden zusammen, sondern wir stellen häufig auch Fernseher oder Radio an oder lesen Zeitung. Arbeiten wir zu Hause, bombardiert uns den ganzen Tag die Energie der Kinder und nicht zuletzt das Fernsehen. Die meisten Menschen verbringen – falls überhaupt – wenig Zeit mit sich allein. Viele meinen, Alleinsein bedeute Einsamkeit, und die wollen sie unter allen Umständen vermeiden. Sie verstehen nicht, daß sie einen hohen Preis dafür bezahlen müssen.

Tag und Nacht mit anderen zusammenzusein bedeutet, wir haben kaum je die Möglichkeit, unser eigenes individuelles Energiefeld zu erneuern. Jeder von uns ist ein eigenes Wesen mit einer eigenen Lebenskraft. Unser Körper ist vollkommen einzigartig. Wir verfügen über eine eigene Gefühlsausstattung, einen eigenen Denkapparat, eine eigene

geistige Entwicklung. Wir haben mehr als einen Energiekörper (siehe Kapitel 1). Sogar unsere Chakren, die feinstofflichen Energiezentren in unserem Ätherkörper, befinden sich in einem Zustand der Stärke oder Schwäche, der
bei jedem Menschen verschieden ist.

Unternehmen wir nichts zur Sicherung der Integrität, unseres individuellen Energiefeldes, sind wir ungeschützt
und nehmen die Energien der anderen sowie unserer Umgebung auf und werden davon beeinflußt. Dies hat schädli-
che Auswirkungen auf unsere körperliche Verfassung wie
auch auf unser emotionales, mentales und geistiges Wohlbefinden. Als Kind war ich für die Gefühle und Gedanken
anderer Leute sehr empfänglich. Ich konnte genau sagen,
was ein anderer Mensch fühlte. Sah ich ihn nur an, erlebte
ich oft seine Emotionen und seine physische Verfassung in
meinem eigenen Körper. Ich war das, was man einen geistigen Schwamm nennen könnte. Ich saugte die Energie
anderer Leute auf und erlebte sie als meine eigene. Da ich
ständig von Familienmitgliedern umgeben war, die körperlich krank waren, wurde ich selbst auch krank. Ich habe nie
eine Schutzzone um mich aufgebaut.

Solltest du auch ein geistiger Schwamm sein, machst du
vielleicht die gleichen Erfahrungen. Du entdeckst die Gefühle anderer, sobald du sie siehst. Du glaubst, das kommt
nur daher, weil du in Gesichtern lesen kannst. Doch nicht
jeder Mensch zeigt seine inneren Gefühle deutlich in seiner Mimik. Mit Sicherheit geht es um mehr. Du bist wahrscheinlich hellfühlig, das heißt, du spürst diese Energie,
die Körper und Aura einer fremden Person aussenden, das

Energiefeld. Falls du auf diese physische und emotionale Weise sensitiv bist, bist du auch verletzlicher als andere Menschen. Du nimmst ihre Krankheiten, Emotionen und Gedanken auf und erlebst sie selbst. Gehst du, zum Beispiel, mit einer Freundin zum Lunch, die sich scheiden lassen will, werdet ihr viel Zeit damit verbringen, über die Scheidungsbedingungen und die negativen Gefühle deiner Freundin zu sprechen. Nach diesem Lunch fühlt sich deine Freundin dann sehr erleichtert, während du mit Magenschmerzen ins Büro oder nach Hause zurückkehrst und völlig erledigt bist. Vor dem Lunch hast du dich gut gefühlt, doch du hast die ärgerlichen Worte deiner Freundin sozusagen in dich reingefressen und hast außerdem noch eine Stunde in dieser giftigen Energie gesessen. Vielleicht wurden sogar negative Gefühle über deine eigene Scheidung vor ein paar Jahren geweckt.

Ein anderes Beispiel: Viele Menschen machen nicht gern Krankenhausbesuche und haben deshalb Schuldgefühle, weil sie ihre ablehnende Reaktion für unvernünftig halten. Schließlich werden wir durch einen Besuch wohl kaum selbst krank, nicht wahr? Doch diese Befürchtungen sind nicht ganz unbegründet. In einem Krankenhaus gibt es Dutzende oder Hunderte kranker Menschen, die manchmal auch im Sterben liegen. Viele Patienten haben starke körperliche Schmerzen und stehen unter gewaltigem emotionalem, mentalem wie geistigem Druck. Solltest du besonders empfänglich dafür sein, so kannst du allein schon beim Betreten eines Krankenhauses mehr verspüren, als dir lieb ist. Die Menschen, die dort arbeiten, Schwestern,

Ärzte, Techniker, sind diesen negativen Energien täglich ausgeliefert, auch dem elektromagnetischen Feld (EMF), das die ganze Technologie eines Krankenhauses hat. Diese Felder besitzen eine andere Schallfrequenz als der menschliche Körper und können sich nach längerer Zeit negativ auf diesen auswirken. Du entdeckst dann, daß du müder bist als gewöhnlich, aber nicht schlafen kannst. Bist du für Energie empfänglich, dann wirst du feststellen, daß du die Wirkung elektromagnetischer Felder verspürst, ob du nun weißt, daß sie vorhanden sind, oder nicht.

Wie schützen wir uns nun vor all diesen energetischen Angriffen? Indem wir nach Möglichkeiten suchen, die Integrität unseres persönlichen Energiefeldes aufrechtzuerhalten und abzusichern. Am wichtigsten ist, etwas Zeit für sich allein zu finden, mindestens dreimal am Tag, notfalls auch öfters. Der frühe Morgen, nach dem Aufstehen, ist eine gute Zeit, weil du einschätzen kannst, wie du dich fühlst, ehe der Tag hektisch zu werden beginnt. Setzt dich still hin, atme und erlaube dir, dir bewußt zu werden, wie du dich fühlst. Stell dir Fragen: Wie fühlt sich mein Körper im Augenblick an? Wie geht's meinen Gefühlen? Was für Gedanken und Sorgen habe ich im Kopf? Wirken sie sich irgendwie auf meinen Körper aus? Später am Tag, vielleicht am späten Vormittag, zur Mittagszeit oder am Nachmittag setz dich für ein paar Minuten ruhig hin und mache das Gleiche. Es dauert nur ein paar Minuten, doch du bekommst ein Gefühl dafür, wie die Aktivitäten des Tages und die Menschen, die dazugehören, dich beeinflußt haben. Dann setz dich abends noch einmal hin, entweder wenn du von der Arbeit nach Hause kommst oder ehe du zu Bett gehst. Jetzt stell fest, wie du dich fühlst. Frage Dich: Wie fühle ich mich im Augenblick? Wie fühle ich mich im Vergleich zu heute früh?

Sobald du diese Übung machst, fängst du an, die feinen Unterschiede zwischen Morgen, Nachmittag und Abend zu erkennen. Du unterscheidest, welche Ereignisse und welche Personen dein Energiesystem am meisten beeinträchtigt haben. Dies ist eine Stufe des *Erkennens* und der erste Schritt zur geistigen Selbstverteidigung.

Es folgen zwei Meditationen, die dir helfen sollen zu erkennen, warum Menschen oder deine Umgebung dich so verletzen können: »Die schwache Stelle finden« und »Zu den Quellen der Selbstbilder«. In der ersten stellst du dir eine Situation vor, in der du von einer Person negativ beeinflußt wirst. Du entdeckst, wie man dich verletzen kann. Und dann wirst du zu Erkenntnissen über andere Menschen und ähnliche Ereignisse gelangen. Die zweite Meditation hilft dir, zurückzuverfolgen, welche Menschen dich in deiner Kindheit mit negativen Selbstbildern aufgeladen haben, und gibt dir den Mut, diese Bilder loszulassen.

Loslassen ist der zweite Schritt geistiger Selbstverteidigung: die negativen Energien anderer Menschen freigeben, die Energien aus deiner Umgebung und sogar solche Gefühle in dir selbst, die dein Wohlbefinden beeinträchtigen. Solltest du vom Lunch mit deiner Freundin zurückkommen, die sich scheiden läßt, setz dich für drei Minuten still hin. Stell fest, wie anders du dich fühlst als vor dem Lunch, und laß dann alle Traurigkeit (auch die Magenverstimmung) los.

»Fremde Energien loshaken« ist eine gute Meditation für solche Situationen, weil sie dich durch alle sieben Chakren führt, so daß du erkennen kannst, wo du fremde Energie, fremde Gefühle und Gedanken aufgenommen hast. Falls du nicht die Zeit hast, alle sieben Chakren zu prüfen, beschäftige dich nur mit einer Sache, deinem angegriffenen Magen!

Hast du alles Unerwünschte losgelassen, so kannst du zu Schritt drei übergehen, zu *reparieren*. Dieses Gefühl der Erschöpfung, das du nach dem Lunch hattest, ist nicht nur durch die Wut deiner Freundin und deine Verdauungsbeschwerden entstanden, sondern weil dir diese Situation buchstäblich deine Lebenskraft gestohlen hat. Die positiven Gefühle und die gesunde Energie, die du vor dem Lunch hattest, erschöpften sich im Lauf den Angriffs durch die negativen Gefühle deiner Freundin und deiner Verwicklung in das Gespräch und diese Situation. Vielleicht hast du auch mit ihr sympathisiert. Vielleicht warst du einer Meinung mit ihr. In der Physik nennt man das »dieselbe Frequenz haben«. Kein Wunder also, daß du dich anschließend schlecht gefühlt hast. Den Schaden wiedergutmachen bedeutet, deine eigene Energiefrequenz wiederzufinden und intakt zu halten. Die Meditationen »Die Aura stärken« und »Affirmationen zur geistigen Selbstverteidigung« helfen dir dabei.

Die zwei letzten Meditationen sind auch für *Schutz und Vor-*

beugung wertvoll, Schritt vier geistiger Selbstverteidigung. Sobald du erst einmal *erkannt hast*, warum dich diese Energien um dich herum so verletzten, du *losgelassen hast*, was dir nicht gehört, und die Schäden in deinem Energiefeld *repariert sind*, mußt du dich schützen und weiterer Schwächung *vorbeugen*. Das bedeutet »Mit dem dunklen Auge sehen« und starke »Grenzen« entwickeln. Betrachten wir eine Person mit einem dunklen Auge, heißt das, wir sind bereit, den Schatten zu sehen, der sich unter dieser Persönlichkeit verbirgt. Das bedeutet, wir sind bereit, hinter die Person zu blicken, die derjenige der Welt vorzuspielen versucht: hinter das lächelnde Gesicht, die Höflichkeit, den netten Menschen. Nicht, daß diese Person völlig unecht wäre. Nur diese unbestreitbaren positiven Qualitäten machen eben nicht den ganzen Menschen aus. Jeder hat eine dunkle Seite aus ungeklärter Traurigkeit, Angst, Ärger und Schuld. Wenn wir bereit sind, diesen ungeheilten Teil eines Menschen zu sehen und zu erkennen, haben wir eine größere Chance, uns besser vor ihm schützen zu können, wenn seine Maske fällt. Wollen wir den Schatten einer Person nicht wahrnehmen, dann trifft uns ein Angriff unvorbereitet und vor allem, wenn wir es am wenigsten erwarten.

Verletzt uns jemand unvorbereitet, dann haben wir das Gefühl, derjenige hat unsere Individualgrenzen einfach überrannt. Wir können nur ein starkes Selbst aufbauen und erhalten, indem wir jeden Morgen, ehe wir das Haus verlassen, entweder die Meditation »Die Aura stärken« machen oder »Grenzen«. Viele Menschen fühlen sich im eigenen

Zuhause sicherer als in der Welt draußen. Indem wir jeden Morgen eine dieser beiden Meditationen machen, uns ausarbeiten und gesund ernähren, entwickeln wir auf körperliche und geistige Weise Kraft, die uns besser durch den Tag trägt. Am Abend entspannen wir uns mit der Meditation »Fremde Energien loshaken«, in der wir die Energien loslassen, die wir tagsüber absorbiert oder eingesammelt haben.

Die geistige Selbstverteidigung ist eine lebenslange geistige Übung. Je stärker, geschützter und gesünder du wirst, um so mehr stellst du fest, daß ein Leben in Klarheit und Bewußtheit, Liebe und Vergebung, Erdung und Sicherheit gelebt werden kann. Es liegt an dir, diese Übungen zu verwirklichen. Du bist ein geistiger Krieger, ausgestattet mit dem Recht und dem Mut, das Leben zu schützen, das Gott dir verliehen hat.

Die schwache Stelle finden

Diese Meditation hilft dir, zu entdecken, warum dich negative Energien anderer Menschen verletzen können. Du wirst Gelegenheit erhalten, augenblickliche Beziehungen zu erkunden sowie Verbindungen zur Vergangenheit herzustellen.
Nach dieser Meditation bist du motiviert, dich selbst zu schützen, dadurch auch stark und zentriert zu bleiben.

Nimm eine bequeme Position ein, entweder im Sitzen oder im Liegen. Die Arme sind nicht gekreuzt, die Beine nicht übereinandergeschlagen.

Schließe die Augen. Atme einmal lang und tief ein und langsam wieder aus. Deine Atmung soll voll, tief und entspannt sein.

Während du von zehn bis null zählst, kommt dein Verstand zur Ruhe, und du wirst empfänglich für die Weisheit deiner Seele und ihrer Heilkraft: zehn, neun, acht, sieben, sechs, fünf, vier, drei, zwei, eins, null. Jetzt bist du ganz tief entspannt.

Gestatte dir, dich in eine Situation hineinzuversetzen, in der du dich angesichts negativer Energien einer anderen Person sehr angreifbar fühlst.

Sieh diese Situation so klar wie möglich, und mach dir bewußt, wie du dich dann fühlst.

Was für Gefühle hast du?

Wie reagiert dein Körper?

An welcher Stelle deines Körpers reagierst du auf diese Person und auf diese Situation?

Wie wirkt sich das auf dich aus?

Hat diese Situation Ähnlichkeit mit anderen, die du schon früher erlebt hast? Erinnert sie dich an jemanden oder irgend etwas aus deiner Kindheit?

In welcher Verbindung steht diese Person zu dir?

Was für eine Gefühlsbeziehung hast du zu ihr?

Willst du von der Person etwas haben, oder brauchst du etwas von ihr?

Was für eine Art von Energie scheint dir diese Person abzugeben oder in deiner Richtung auszustrahlen?

Was ist das für eine schwache Stelle in dir, an der sich die negative Energie festhaken kann?

Was mußt du in dir selbst loslassen oder erlösen, um unangreifbar zu bleiben?

Jetzt visualisiere, wie du diesen inneren Konflikt löst und losläßt, was losgelassen werden muß.

Atme!

Laß alle festgehaltenen Spannungen oder Härten los, die du irgendwo im Körper spürst.

Während du tief durchatmest, stell dir die Situation wieder vor, aber diesmal bleibst du zentriert und kraftvoll.

Spüre den Unterschied bei deinen Gefühlen und in deinem Körper, indem du die Situation von einem bewußten und neutralen Punkt aus angehst.

Visualisiere dich, wie du mit dieser Situation auf eine gesunde Weise umgehst und auf die Person entsprechend reagierst.

In dem Bewußtsein, daß du künftig zentriert und stark bleibst, kannst du das Bild loslassen. Wenn du bis zehn gezählt hast, öffne die Augen: eins, zwei, drei, vier, fünf, sechs, sieben, acht, neun, zehn.

Zu den Quellen der Selbstbilder

Diese Meditation hilft dir, die Entwicklung einiger Selbstbilder zurückzuverfolgen und die Menschen zu entdecken, die an ihrer Entstehung beteiligt waren. Du wirst Gelegenheit bekommen, diese Selbstbilder loszulassen, die du nicht behalten möchtest.

Nimm eine bequeme Position ein, entweder im Sitzen oder im Liegen. Die Arme sind nicht gekreuzt, die Beine nicht übereinandergeschlagen. Schließe die Augen. Atme einmal lang und tief ein und langsam wieder aus. Deine Atmung soll voll, tief und entspannt sein.

Während du von zehn bis null zählst, kommt dein Verstand zur Ruhe, und du wirst empfänglicher für die Weisheit deiner Seele und ihrer Heilkraft: zehn, neun, acht, sieben, sechs, fünf, vier, drei, zwei, eins, null. Jetzt bist du ganz tief entspannt.

Gestatte deinem Unbewußten, dir das Bild einer Zeit oder einer Situation in deinem Leben zu geben, in der du dich verletzbar und kraftlos fühltest.

Sieh dieses Bild so klar wie möglich, und mach dir bewußt, wie du dich danach fühlst.

Wie reagiert dein Körper auf dieses Selbstbild?

Nachdem du bis drei gezählt hast, wirst du das Gesicht der Person sehen, die am meisten zur Entwicklung dieses Selbstbildes beigetragen hat, oder ihren Namen erfahren: eins – zwei – drei.

Erzähl dieser Person, was du von diesem negativen Selbstbild hältst und von deren Teilnahme daran.

Erzähl ihr alles, was du ihr schon immer erzählen wolltest.
Atme!

Möchtest du dieses Selbstbild loslassen, dann stell dir vor,
wie es sich auflöst. Erzähl der anderen Person, daß sie das
Selbstbild behalten kann, wenn sie will, daß du es aber auf-
gelöst hast.

Sobald du das erledigt hast, denke nicht mehr daran.

Jetzt laß dein Unbewußtes dir das Bild einer Zeit oder einer
Situation aus deinem Leben geben, in der du dich versto-
ßen fühltest.

Sieh dieses Bild so klar wie möglich, und mach dir bewußt,
wie du dich danach fühlst.

Wie reagiert dein Körper auf dieses Selbstbild?

Nachdem du bis drei gezählt hast, siehst du das Gesicht
der Person, die am meisten zu der Entwicklung dieses
Selbstbildes beigetragen hat, oder erfährst ihren Namen:
eins – zwei – drei.

Erzähl dieser Person, was du von diesem negativen Selbstbild hältst und von ihrer Beteiligung daran.

Erzähl ihr alles, was du ihr schon immer erzählen wolltest.
Atme!

Wenn du dieses Selbstbild loslassen möchtest, stell dir vor,
wie es sich auflöst. Erzähl der anderen Person, daß sie das
Selbstbild behalten kann, wenn sie will, daß du es aber auf-
gelöst hast.

Sobald du das erledigt hast, denke nicht mehr daran.

Jetzt erlaube dir, alle Bilder Revue passieren zu lassen, die du gesehen hast: Bilder von dir als verletzbarem und kraftlosem Wesen, zurückgewiesen und unterdrückt. Sind sich Bilder ähnlich oder gleich?

Sind irgendwelche Leute dieselben?

Atme tief durch, und erlaube dir wieder, diese Bilder aufzulösen und loszulassen.

Laß nun vor deinem geistigen Auge ein Bild von dir entstehen, das dich stark und mutig zeigt und erkennen läßt, daß du dich selbst liebst.

Sieh dieses Selbstbild umgeben von weißgoldenem Licht.

Jetzt verlege dein Bewußtsein in dieses goldene Bild und fühle diese neue Stärke, diesen neuen Mut, diese Selbstliebe in dir selbst.

Atme dieses weißgoldene Licht ein, bis es dein ganzes Wesen durchdringt.

Nimm wahr, wie dein Körper sich mit dieser neuen Energie anfühlt.

Du bleibst mit diesem Selbstbildnis und den Gefühlen, die es begleiten, in Verbindung und öffnest die Augen, nachdem du bis zehn gezählt hast: eins, zwei, drei, vier, fünf, sechs, sieben, acht, neun, zehn.

Fremde Energien loshaken

Diese Meditation wird dir helfen, Menschen loszulassen, die auf deine Energie einwirken, sie manipulieren und kontrollieren. Durch die Überprüfung eines jeden Chakras und seiner Energie bekommst du Gelegenheit, es von äußeren Einflüssen zu reinigen und deine eigene Energie wiederzuerlangen. Eine ausgezeichnete Meditation, um den Tag ausklingen zu lassen.

Nimm eine bequeme Position ein, entweder im Sitzen oder im Liegen. Die Arme sind nicht gekreuzt, die Beine nicht übereinandergeschlagen. Schließe die Augen. Atme einmal lang und tief ein und langsam wieder aus. Deine Atmung soll voll, tief und entspannt sein.

Während du von zehn bis null zählst, kommt dein Verstand zur Ruhe, und du wirst empfänglicher für die Weisheit deiner Seele und ihrer Heilkraft: zehn, neun, acht, sieben, sechs, fünf, vier, drei, zwei, eins, null. Jetzt bist du ganz tief entspannt.

Richte deine Aufmerksamkeit auf einen Punkt weit über deinem Kopf, hoch oben im Himmel, und verbinde dich mit der strahlenden, kraftvollen, weißen Lichtenergie, die auf dich herabfließt.

Erfahre dieses weiße Licht, wie es um dich fließt und durch dich fließt und deinen Körper mit seinem Leuchten erfüllt. Mit jedem Atemzug atmest du dieses Licht ein. Während es dich erfüllt und umgibt, durchdringt es dein ganzes Wesen und vereint sich mit dem Fluß an Lebensenergie, der bereits durch deinen Körper strömt.

Richte deine Aufmerksamkeit auf die Basis deiner Wirbelsäule, dort wo sich das Steißbein befindet. Dies ist dein Wurzelchakra, das Zentrum für Sicherheit und Erdung in der physischen Welt. Verbinde dich mit dem weißen Licht in deinem ersten Chakra, während es sich sanft in einer kreisförmigen Bewegung dreht.

Spüre, wie dieses weiße Licht als Energie durch deine Beine und Füße in den Boden fließt und dich mit Mutter Erde verbindet.

Nimm jede Empfindung und jedes Gefühl wahr, die auftauchen, während du dich mit der physischen Natur deines Körpers und Mutter Erde verbindest.

Nachdem du bis drei gezählt hast, wirst du das Gesicht einer Person sehen, die sich in diesem Chakra festgehakt hat, oder ihren Namen hören – jemand, der deine Energie beeinflußt, kontrolliert oder manipuliert: eins – zwei – drei.

Stell dir die Energie der Person als einen Haken vor, den du mit deinen Astralhänden herausnimmst und zurückgibst.

Sage der Person, daß du von ihrem Einfluß frei sein willst, und auch alles andere, was du auf dem Herzen hast.

Jetzt leere deinen Geist bis auf das weiße Licht, das sanft das Chakra reinigt und erfüllt.

Nun laß die Energie aus deinem ersten Chakra allmählich in einer spiralförmigen Bewegung weiter in dein zweites Chakra hinaufströmen, in dein Becken.

Dies ist das Zentrum der Sexualität und schöpferischen Lebenskraft. Während die Lichtenergie das zweite Chakra öffnet, dreht sie sich sanft in einer kreisförmigen Bewegung.

Nimm jede Empfindung sowie jedes Gefühl wahr, das auftaucht, während du dich mit deiner Sexualität und deiner schöpferischen Lebenskraft verbindest.

Nachdem du bis drei gezählt hast, wirst du das Gesicht der Person sehen, sie sich in diesem Chakra festgehakt hat, oder ihren Namen hören – jemand, der deine Energie beeinflußt, kontrolliert oder manipuliert: eins – zwei – drei.

Stell dir die Energie der Person als einen Haken vor, den du mit deinen Astralhänden herausnimmst und zurückgibst.

Sage der Person, daß du von ihrem Einfluß frei sein willst, und auch alles andere, was du auf dem Herzen hast.

Jetzt leere deinen Geist bis auf das weiße Licht, das sanft das Chakra reinigt und erfüllt.

Nun erlaube der Energie in deinem zweiten Chakra allmählich, in einer spiralförmigen Bewegung weiter in dein drittes Chakra hinaufzuströmen, beim Solarplexus, unterhalb des Brustkastens.

Dies ist das Zentrum körperlicher Willenskraft, Motivation und Vitalität. Während die Lichtenergie das dritte Chakra öffnet, dreht sie sich sanft in einer kreisförmigen Bewegung.

Nimm jede Empfindung sowie jedes Gefühl wahr, das auftaucht, während du dich mit deiner körperlichen Willenskraft, mit Motivation und Vitalität verbindest.

Nachdem du bis drei gezählt hast, wirst du das Gesicht der Person sehen, die sich in diesem Chakra festgehakt hat, oder ihren Namen hören – jemand, der deine Energie beeinflußt, kontrolliert oder manipuliert: eins – zwei – drei.

Stell dir die Energie dieser Person als einen Haken vor, den du mit deinen Astralhänden herausnimmst und zurückgibst.

Sage der Person, daß du von ihrem Einfluß frei sein willst, und auch alles andere, was du auf dem Herzen hast.

Jetzt leere deinen Geist bis auf das weiße Licht, das sanft das Chakra reinigt und erfüllt.

Nun laß die Energie aus deinem dritten Chakra in einer spiralförmigen Bewegung allmählich weiter hinauffließen in dein viertes Chakra, das Herzzentrum in der Mitte deiner Brust.

Dies ist das Zentrum von Liebe und Mitgefühl. Während die Lichtenergie dein viertes Chakra öffnet, dreht sie sich sanft in einer kreisförmigen Bewegung.

Nimm jede Empfindung sowie jedes Gefühl wahr, das auftaucht, während du dich mit deinem Herzen verbindest.

Nachdem du bis drei gezählt hast, wirst du das Gesicht der Person sehen, die sich in diesem Chakra festgehakt hat, oder ihren Namen hören – jemand, der deine Energie beeinflußt, kontrolliert oder manipuliert: eins – zwei – drei.

Stell dir die Energie der Person als einen Haken vor, den du mit deinen Astralhänden herausnimmst und zurückgibst.

Sage der Person, daß du von ihrem Einfluß frei sein willst, und auch alles andere, was du auf dem Herzen hast.

Jetzt leere deinen Geist bis auf das weiße Licht, das sanft das Chakra reinigt und erfüllt.

Nun laß die Energie aus deinem Herzchakra in einer spiral-förmigen Bewegung allmählich weiter hinaufströmen in dein fünftes Chakra im Zentrum deiner Kehle.

Dies ist das Zentrum des Selbstausdrucks. Während die Lichtenergie dein fünftes Chakra öffnet, dreht sie sich sanft in einer kreisförmigen Bewegung.

Nimm jede Empfindung sowie jedes Gefühl wahr, das auf-taucht, während du dich mit deinem Selbstausdruck ver-bindest.

Nachdem du bis drei gezählt hast, wirst du das Gesicht der Person sehen, die sich in diesem Chakra festgehakt hat, oder ihren Namen hören – jemand, der deine Energie be-einflußt, kontrolliert oder manipuliert: eins – zwei – drei.

Stell dir die Energie als einen Haken vor, den du mit dei-nen Astralhänden herausnimmst und der Person zurück-gibst.

Sage der Person, daß du von ihrem Einfluß frei sein willst, und auch alles andere, was du auf dem Herzen hast.

Jetzt leere deinen Geist bis auf das weiße Licht, das sanft das Chakra reinigt und erfüllt.

Nun laß die Energie aus deinem fünften Chakra in einer spiralförmigen Bewegung allmählich weiter hinaufströmen in dein sechstes Chakra zwischen den Augenbrauen.

Dies ist das Zentrum innerer Sicht und höherer Einsicht. Während die Lichtenergie das dritte Auge öffnet, dreht sie sich sanft in einer kreisförmigen Bewegung.

Nimm jede Empfindung sowie jedes Gefühl wahr, das auf-taucht, während du dich mit deiner Fähigkeit, klar zu se-hen, verbindest.

Nachdem du bis drei gezählt hast, wirst du das Gesicht der Person sehen, die sich in diesem Chakra festgehakt hat, oder ihren Namen hören – jemand, der deine Energie beeinflußt, kontrolliert oder manipuliert: eins – zwei – drei.

Stell dir die Energie der Person als einen Haken vor, den du mit deinen Astralhänden herausnimmst und zurückgibst.

Sage der Person, daß du von ihrem Einfluß frei sein willst, und auch alles andere, was du auf dem Herzen hast.

Jetzt leere deinen Geist bis auf das weiße Licht, das sanft das Chakra reinigt und erfüllt.

Nun laß die Energie vom dritten Auge in einer spiralförmigen Bewegung allmählich weiter hinauffließen in das siebte Chakra auf dem Scheitel des Kopfes.

Dies ist das Zentrum spirituellen Bewußtseins und direkten Wissens. Während die Lichtenergie das siebte Chakra öffnet, dreht sie sich sanft in einer kreisförmigen Bewegung.

Nimm jede Empfindung sowie jedes Gefühl wahr, das auftaucht, während du dich mit deinem spirituellen Bewußtsein verbindest.

Nachdem du bis drei gezählt hast, wirst du das Gesicht der Person sehen, die sich in diesem Chakra festgehakt hat, oder ihren Namen hören – jemand, der deine Energie beeinflußt, kontrolliert oder manipuliert: eins – zwei – drei.

Stell dir die Energie der Person als einen Haken vor, den du mit deinen Astralhänden herausnimmst und zurückgibst.

Sage der Person, daß du von ihrem Einfluß frei sein willst, und auch alles andere, was du auf dem Herzen hast.

Jetzt leere deinen Geist, bis auf das weiße Licht, das sanft das Chakra reinigt und erfüllt.

Jetzt gestatte deiner Bewußtheit, alle deine Chakren abzutasten. Laß zu, daß du fühlst, wie die Energie sich in jedem Zentrum langsam im Kreis bewegt.

Spüre die Offenheit, Klarheit und neue Kraft, die dich durchfließen, weil du deine Energien zurückverlangt hast.

Wenn du das erste Chakra am unteren Ende der Wirbelsäule erreichst, verbinde dich wieder mit der Lichtenergie, die sich durch deine Beine und Füße abwärtsbewegt und dir das Gefühl gibt, geerdet zu sein.

Sobald du bis zehn gezählt hast, kannst du die Augen wieder öffnen: eins, zwei, drei, vier, fünf, sechs, sieben, acht, neun, zehn. Laß dir ein oder zwei Minuten Zeit, um dich daran zu gewöhnen, daß du wieder in dem Zimmer bist, und laß deine Augen offen.

Affirmationen zur geistigen Selbstverteidigung

Diese Meditation wird dir helfen, alte, negative Überzeugungen und Gefühle über dich in neue, positive zu verwandeln. Wenn lineare Affirmationen mit geführter Imagination verbunden werden, sind beide Gehirnhälften um so beteiligter, und desto mehr Energie fließt in die Heilung. Diese Meditation verwende dazu, deine Energien zu reparieren und diese auch als eine Art Schutz und ein Mittel zur Vorbeugung anzusehen.

Nimm eine bequeme Position ein, entweder im Sitzen oder im Liegen. Die Arme sind nicht gekreuzt, die Beine nicht übereinandergeschlagen. Schließe die Augen. Atme einmal lang und tief ein und langsam wieder aus. Deine Atmung soll voll, tief und entspannt sein.

Während du von zehn bis null zählst, kommt dein Verstand zur Ruhe, und du wirst empfänglicher für die Weisheit deiner Seele und ihrer Heilkraft: zehn, neun, acht, sieben, sechs, fünf, vier, drei, zwei, eins, null. Jetzt bist du ganz tief entspannt.

Gestatte deinem Unbewußten, dir ein Bild einer Zeit oder einer Situation aus deinem Leben zu geben, als du glaubtest, kein Recht darauf zu haben zu leben.

Sieh dieses Bild so klar wie möglich, und fühle, was du damals gefühlt hast.

Im nächsten Augenblick wirst du Gelegenheit haben, neue

Heilaffirmationen aufzunehmen. Du kannst sie still für dich wiederholen, oder wenn du allein bist, kannst du sie auch laut aussprechen. Dabei sehe und fühl, wie sich das Bild von dir in jener Situation beim Sprechen der Affirmationen wandelt.

Ich habe das Recht, in diesem Universum zu existieren.

Meine Existenz ist ein wichtiger Teil des göttlichen Plans.

Ich habe eine göttliche Mission zu erfüllen und bestimmte Lektionen zu lernen.

Ich habe die Möglichkeit, alle Hindernisse und Härten zu überleben.

Ich, nur ich allein, bestimme die Qualität meines Lebens.

Atme. Erlaube dir, innerlich die Wahrheit und Kraft dieser Affirmationen zu spüren.

Jetzt leere deinen Geist, damit du zum nächsten Bild übergehen kannst.

Gestatte deinem Unbewußten, dir ein Bild einer Zeit oder einer Situation aus deinem Leben zu geben, als du glaubtest, deine Identität würde von dem Beifall einer anderen Person abhängen.

Sieh dieses Bild so klar wie möglich, und fühle, was du damals gefühlt hast.

Jetzt tu einen langen, tiefen Atemzug. Erlaube diesen alten Überzeugungen und deinen Gefühlen, sich durch die folgenden Affirmationen zu verwandeln: Ich habe beschlossen, das Bedürfnis nach dem Beifall anderer Leute loszulassen.

Ich nehme mich an, einschließlich meiner Stärken und Schwächen, Fehler und Erfolge.

Ich habe das Recht zu handeln als mein eigener Spiegel von Liebe und Anerkennung.

Ich billige mich selbst und alles, was ich bin.

Ich habe das Recht, meine eigenen Fragen zu stellen und meine eigenen Antworten zu leben.

Ich beschließe, meine Existenz zu lieben und zu respektieren, wie ich das bei einem lieben Freund täte.

Mein Leben ist ein Geschenk des Universums, denn mein Leben schenkt dem Universum Licht.

Atme. Spüre innerlich die Wahrheit und Kraft dieser Affirmationen.

Jetzt leere deinen Geist, damit du zum nächsten Bild übergehen kannst.

Gestatte deinem Unbewußten, dir ein Bild einer Zeit oder einer Situation aus deinem Leben zu geben, als du glaubtest, nicht stark sein zu können, oder es für gefährlich hieltest.

Sieh dieses Bild so klar wie möglich, und spüre, was du damals gefühlt hast.

Gestatte diesen alten Meinungen von dir und deinen Gefühlen, sich mit folgenden Affirmationen zu wandeln: Ich habe das Recht, mich bestimmt auszudrücken bei dem, was ich will.

Es *ist* möglich, sowohl stark zu sein, als auch von anderen Menschen geliebt zu werden.

Ich beschließe, auf positive, schöpferische und konstruktive Weise stark zu sein.

Ich nehme meine angeborene Kraft als Manifestation der Lebenskraft in mir an.

Ich habe alle Kraft, Integrität und Mut, die ich je brauchen werde.

Ich beschließe, meine einzigartigen Energien zu schützen und meine Grenzen gegenüber der Welt zu sichern.

Atme. Erlaube dir, innerlich die Wahrheit und Kraft dieser Affirmationen zu spüren.

Du bewahrst diese neuen, positiven Überzeugungen und Bilder in dir. Öffne die Augen, sobald du bis zehn gezählt hast: eins, zwei, drei, vier, fünf, sechs, sieben, acht, neun, zehn.

Mit einem dunklen Auge sehen

Diese Meditation wird dich üben, bei anderen Menschen beide Seiten zu sehen, die helle wie die dunkle. Wenn du die dunkle Seite siehst, den Schatten, siehst du, was verborgen ist. Indem du das sechste Chakra, das sogenannte dritte Auge, öffnest und benutzt, kannst du die Wahrheit in Menschen und Situationen klar erkennen. Durch dieses ganzheitliche Sehen entdeckst du, daß du dich in Situationen leichter schützen kannst, in denen du dich früher verletzbar gefühlt hast. Es wird dir sogar möglich sein, sie in Zukunft zu verhindern.

Nimm eine bequeme Position ein, entweder im Sitzen oder im Liegen. Die Arme sind nicht gekreuzt, die Beine nicht übereinandergeschlagen. Schließe die Augen. Atme einmal lang und tief ein und langsam wieder aus. Deine Atmung soll voll, tief und entspannt sein.

Während du von zehn bis null zählst, kommt dein Verstand zur Ruhe, und du wirst empfänglich für die Weisheit deiner Seele und ihrer Heilkraft: zehn, neun, acht, sieben, sechs, fünf, vier, drei, zwei, eins, null. Jetzt bist du ganz tief entspannt.

Richte deine Aufmerksamkeit auf einen Punkt weit über deinem Kopf, hoch oben im Himmel, und verbinde dich mit der strahlenden, kraftvollen weißen Lichtenergie, die auf dich herabfließt.

Erfahre dieses weiße Licht, wie es um dich fließt und durch

dich fließt und deinen Körper mit seinem Leuchten erfüllt. Mit jedem Atemzug atmest du dieses Licht ein. Während es dich erfüllt und umgibt, durchdringt es dein ganzes Wesen und vereint sich mit dem Fluß an Lebensenergie, der bereits durch deinen Körper strömt.

Jetzt richte deine Aufmerksamkeit auf dein drittes Auge zwischen den Augenbrauen, dem Zentrum klarer Sicht. Tu einen langen, tiefen Atemzug und spüre, wie diese weiße Lichtenergie durch dein drittes Auge leicht und sanft ein- und ausfließt. Während dein drittes Auge sich öffnet, stell dir vor, wie diese weiße Lichtenergie in einer kreisförmigen Bewegung zwischen deinen Augenbrauen fließt, und fühle es. Dabei verändert sie sich in ein prächtiges indigofarbenes oder auch bläulichviolettes Licht.

Jetzt stell dir jemanden vor, mit dem du zusammenlebst oder den du gut kennst. Stell dir diese Person vor, wie sie vor dir sitzt oder steht.

Stell dir vor, du hältst einen klaren Quarzkristall in den Händen, die Spitze weist direkt auf diese Person. Kristalle brechen das Licht in verschiedene Längen. Während du diesen Kristall auf die Person richtest, bemerkst du, wie sie sich in zwei Wesen aufteilt: in ein helles und in ein dunkles. Betrachte diese beiden Menschen genau. Was siehst du?

Richte deine Aufmerksamkeit auf die lichte Seite. Welche Charakteristiken, Emotionen und persönlichen Züge erkennst du in dieser lichten Person?

Jetzt lenke deine Aufmerksamkeit auf die dunkle Seite, den Schatten. Welche verborgenen Züge, Emotionen und Charakteristiken siehst du?

Hast du diesen Schatten schon früher bemerkt? Wann?
Wo?

Wie hast du reagiert, als dir der Schatten dieser Person
zum erstenmal bewußt wurde?

Hat er dir angst gemacht? dich geärgert? Wurdest du traurig? Hast du versucht, ihn zu ignorieren?

Jetzt, da du den Schatten dieser Person gesehen hast – wie
kann eure Beziehung wachsen, sich verändern und für beide von euch gesünder werden?

Wie kannst du dich vor dem Schatten dieser Person schützen?

Atme lang und tief ein, und während du ausatmest, richte
die Kristallspitze hinunter auf den Boden, und erlaube den
beiden Seiten der Person, wieder zu verschmelzen.

Wenn diese Person wieder ganz ist, gib dieses Bild frei.

Jetzt stell dir eine Person vor, die du kennst – jemanden aus
der Arbeit, von der Schule oder jemand, den du kürzlich
getroffen hast. Stell dir vor, daß diese Person vor dir sitzt
oder steht.

Stell dir vor, du hältst einen klaren Quarzkristall in den
Händen, die Spitze weist direkt auf diese andere Person.
Und während du diesen Kristall auf die Person gerichtet
hältst, bemerkst du, wie sie sich in zwei Wesen aufteilt: in
ein helles und in ein dunkles.

Betrachte diese beiden Menschen genau. Was siehst du?

Richte deine Aufmerksamkeit auf die lichte Seite. Welche
Charakteristiken, Emotionen und persönlichen Züge erkennst du in dieser lichten Person?

Jetzt lenke deine Aufmerksamkeit auf die dunkle Seite, den

Schatten. Welche verborgenen Züge, Emotionen und Charakteristiken siehst du?

Hast du diesen Schatten schon früher bemerkt? Wann? Wo?

Wie hast du reagiert, als der Schatten dieser Person dir zum erstenmal bewußt wurde?

Hat er dir angst gemacht? dich geärgert? Wurdest du traurig? Hast du versucht, ihn zu ignorieren?

Jetzt, da du den Schatten dieser Person gesehen hast – wie kann eure Beziehung wachsen, sich verändern und für beide von euch gesünder werden?

Wie kannst du dich vor dem Schatten dieser Person schützen?

Atme lang und tief ein, und während du ausatmest, richte die Kristallspitze hinunter auf den Boden, und erlaube den beiden Seiten der Person, wieder zu verschmelzen.

Sobald diese Person wieder ganz ist, gib dieses Bild frei.

Du bewahrst deine neue, klare Sicht und den Mut, mit einem dunklen Auge zu sehen, in dir und kannst die Augen öffnen, nachdem du bis zehn gezählt hast: eins, zwei, drei, vier, fünf, sechs, sieben, acht, neun, zehn.

Die Aura stärken

Diese Meditation hilft dir, das Energiefeld um deinen Körper zu stärken und auch die Lebenskraft in dir zu festigen. Gold war immer die Substanz alchimistischer Transformation. Im Mittelalter war es das Ziel der Alchimisten, ein unedles Metall in Gold zu verwandeln, dieses Metall von Schönheit und Kraft.

Wenn du diese Meditation regelmäßig übst, vielleicht sogar täglich, wirst du feststellen, daß du dich leichter vor den negativen Emotionen und Gedanken anderer Menschen schützen und negative Energien in deiner Umgebung leichter abwehren kannst.

Such dir eine bequeme Position. Entweder stell dich hin, oder setz dich auf einen Stuhl mit gerader Rückenlehne. Möchtest du lieber stehen, stellst du die Füße auf Schulterbreite auseinander und beugst leicht die Knie. Im Sitzen dürfen die Arme nicht über der Brust gekreuzt und die Beine nicht übereinandergeschlagen sein. Schließ die Augen, atme tief und lang ein, und atme langsam wieder aus. Dein Atem soll voll, tief und entspannt sein.

Während du von zehn bis null zählst, kommt dein Verstand zur Ruhe, und du wirst empfänglicher für die Weisheit deines Unbewußten und seiner Heilkraft: zehn, neun, acht, sieben, sechs, fünf, vier, drei, zwei, eins, null. Du bist nun ganz tief entspannt.

Richte deine Aufmerksamkeit auf einen Punkt über deinem Kopf, hoch oben im Himmel, und verbinde dich mit der strahlenden, kraftvollen goldenen Lichtenergie, die auf dich herabfließt wie von der Sonne.

Erfahre diese goldene Lichtenergie, wie sie um dich und durch dich fließt und deinen Körper mit ihrem Strahlen erfüllt.

Mit jedem Atemzug nimm dieses Licht auf. Während es dich erfüllt und umgibt, durchdringt es gleichzeitig dein ganzes Wesen und vereinigt sich mit dem Strom an Lebensenergie, der schon durch deinen Körper fließt.

Erlebe, wie dieses goldene Licht durch deine Beine und Füße hinauffließt und dich mit Mutter Erde und einem Gefühl von Erdung und Geborgenheit verbindet.

Während du von dieser goldenen Lichtenergie erfüllt und gestärkt wirst, kannst du fühlen, wie du dich ausdehnst. Deine ganze Aura, dein Energiefeld glänzt vor goldenem Licht und Energie und umgibt dich ganz, einen Meter weit, wie ein goldenes Ei aus Kraft und Schutz.

Mit jedem Einatmen atmest du mehr Kraft und Schutz ein. Mit jedem Ausatmen gibst du Angst und Schwäche frei.

Mit jedem Augenblick fühlst du dich stärker, sicherer, geschützter.

Alle deine Muskeln, dein Nervengewebe und die Organe sind erfüllt und durchdrungen von diesem goldenen Licht. Alle Zellen in deinem Körper fangen an, sanft zu schwingen. Du kannst die Umwandlung der Energie spüren bis in deine Füße und weiter bis in den Boden.

Dein physischer Körper und deine Aura werden beide stärker, während sie ein ganzes System von Schutz und Kraft bilden.

Während du tief atmest, kannst du spüren, wie dein Herzzentrum vor Liebe und Mitgefühl stark wird.

Du spürst, daß du mit allen Herausforderungen, die auf dich zukommen, fertig werden und mit jedem Menschen umgehen kannst, mit dem du dich vielleicht auseinandersetzen mußt.

Atme.

Du strahlst vor Licht, Liebe, Kraft und Energie.

Spüre deinen Schutz. Spüre, wie deine innere Kraft mit deinem äußeren Schutz verschmilzt.

Visualisiere eine Situation, in der du stark und geschützt sein möchtest.

Spüre deine neue Stärke, und sieh dich, wie du mit dieser Situation wirkungsvoll umgehst.

Visualisiere, wie du dich zentrierst und stark, sicher und geschützt bleiben kannst.

Wenn du in die Welt draußen gehst, wirst du spüren, wie du innerlich geschützt bist und wie dieser Schutz dich auch umgibt. Du wirst deine strahlende Aura fühlen.

Sobald du spürst, daß du mehr Energie und Schutz benötigst, brauchst du nur tief zu atmen und dich darauf einzustellen, wie du das goldene Licht zuläßt und es dich erfüllt. Du bewahrst all diese Kraft und Energie, all diesen Schutz.

Öffne die Augen, sobald du bis zehn gezählt hast: eins, zwei, drei, vier, fünf, sechs, sieben, acht, neun, zehn.

Grenzen

Diese Meditation wird dir helfen, den wahren Sinn gesunder Grenzen zur Welt um dich zu entdecken. Es ist eine wunderbare Meditation für jeden Tag. Sie kann mit »Die Aura stärken« abgewechselt werden, wann immer du willst.

Nimm eine bequeme Position ein, entweder im Sitzen oder im Liegen. Die Arme sind nicht gekreuzt, die Beine nicht übereinandergeschlagen.

Schließe die Augen. Atme einmal lang und tief ein und langsam wieder aus. Deine Atmung soll voll, tief und entspannt sein.

Während du von zehn bis null zählst, kommt dein Verstand zur Ruhe, und du wirst empfänglich für die Weisheit deiner Seele und ihrer Heilkraft: zehn, neun, acht, sieben, sechs, fünf, vier, drei, zwei, eins, null. Jetzt bist du ganz tief entspannt.

Atme, fühle, wie dein Atem sich in deinem Körper ein und aus bewegt.

Spüre, wie diese lebenswichtige, kostbare Luft dein Naseninneres berührt, sich hinunter in deine Bronchien und deine Lunge bewegt und mit deinem Körper eins wird.

Spüre, wo die Luft auf dein Körpergewebe trifft und zu deinem Atem wird.

Spüre dort, wo deine Haut die Luft trifft, dort, wo die Luft deine Haut berührt.

Spüre, wo deine Haut deine Kleidung berührt und deine Kleidung deine Haut.

Spüre deinen Körper, wie er auf dem Stuhl sitzt und wie der Stuhl deinen Körper berührt.

Spüre, wie deine Füße den Boden berühren und der Boden deine Füße berührt.

Falls du liegst, spüre, wie dein Körper das Bett berührt und das Bett deinen Körper berührt.

Fühle all die Arten, wie du berührt wirst und wie du berührst.

Werde dir voll bewußt, wo die Grenzen deines Körpers die Luft berühren, deine Kleidung, den Stuhl oder das Bett, den Boden, wo du die äußerliche Realität berührst.

Und spüre deinen feinstofflichen Energiekörper, wie er von deinem Körper in den Raum um dich herum ausstrahlt.

Erlaube dir, deine Verkörperung zu erfahren und sich ihrer bewußt zu sein.

Du bewahrst diese volle Bewußtheit deines Körpers, deines Atems, der Luft, deiner Kleidung und all der Arten, wie du berührst und berührt wirst. Öffne die Augen, wenn du bis zehn gezählt hast: eins, zwei, drei, vier, fünf, sechs, sieben, acht, neun, zehn.

Kapitel 4

Ein neues Leben erschaffen

Bei uns allen gibt es Momente im Leben, wo wir uns einge-
stehen müssen, daß wir gern noch einmal von vorn anfangen, unser Leben neu beginnen würden. Die meisten Leute
glauben, dies sei unmöglich, machen weiter wie bisher und
versuchen, ihre Enttäuschung zu verbergen. Wie wir gesehen haben, verursacht der Versuch, Gefühle, Erinnerungen und Schmerz zu unterdrücken, nur noch tiefere Wunden, die uns später einholen.

Um ein neues Leben zu beginnen, müssen wir erkennen,
daß wir es nicht allein schaffen. Die Menschen der westlichen Zivilisation lieben das alte teutonische Ideal des Hel-
den, der alle Schwierigkeiten überwindet, den Drachen tö-
tet und den goldenen Preis gewinnt. Dieses Ideal steht für
die Willenskraft, die alle Hindernisse überwindet, die ihr im
Weg stehen. Worum es bei wahrer Spiritualität geht, was
uns auch die östlichen Religionen verständlich gemacht haben, ist, daß der Wille schon unser Freund und Verbünde-
ter ist, aber nur insofern, als er uns dabei hilft, sich der
Macht größerer Mysterien in uns unterzuordnen. Es ist der
Wille, der beschließt, sich Gott zu ergeben, der Göttin, einer höheren Macht, dem Geist – wie immer du diese geistige Präsenz nennen möchtest.

Christopher Reeve, der Superman darstellte und jetzt mit
einer Lähmung kämpft, die er sich durch einen Sturz vom

Pferd zuzog, hat gesagt: »Wenn wir den Weltraum erobern können, können wir auch unseren inneren Raum erobern.« Ich würde bei seiner Feststellung nur ein Wort ändern: Der innere Raum sollte erkundet und geehrt werden. Man sollte über ihn meditieren und sich mit ihm verbinden als einer Quelle wundersamer Heilung und Kraft. Der innere Raum ist unser Freund, unsere Seele, unsere Quelle der Heilung. Man erobert einen Freund nicht. Man verbündet sich mit ihm.

Unsere Willenskraft trägt den Beschluß, ein neues Leben zu beginnen, konsequent mit. Ja, sie kann uns dabei sogar unterstützen, eine geistige Disziplin zu entwickeln, um in der täglichen Routine durchzuhalten, indem wir zum Beispiel ein Traumbuch führen oder meditieren. Eine solche Disziplin kann uns durch schwierige Zeiten retten, falls unser Glaube erschüttert ist, die Welt um uns in Stücke fällt und unser Herz gebrochen ist. Dies ist eine kreative Anwendung der Willensstärke, die zu Hoffnung, Erneuerung und Wiederauferstehen führt. Das Fremdwort für Wiederauferstehung ist *Resurrektion* und kommt vom lateinischen *resurgere*, wieder erheben. Es bedeutet aber nicht, sich über *alles zu erheben*, wie es das alte teutonische Ideal von uns fordert, sondern einfach *wieder* aufzustehen, wenn man gefallen ist. Sich von seinem Leid, schmerzhaften Erinnerungen, Verlust des Glaubens und Sinnes zu erheben und ein neues Leben voll Mitgefühl, Freude, Geheimnis, Annahme und Mut zu beginnen sind die nicht ganz leichten Dinge im Leben. Jeder von uns hat jedoch die Möglichkeit, sich wieder zu erheben, hier und jetzt, in jedem Augenblick. Wir können ein neues Leben wählen. Wir dürfen an seiner Erschaffung teilnehmen.

Die erste Meditation »Du bist nicht allein« gibt dir die Möglichkeit, all die Wege, die du mal versucht hast, kraft deines eigenen Willens zu gehen, zu bilanzieren und das Ergebnis zu kontrollieren. Sie gibt dir auch an die Hand, sie zu ändern, indem du Gott bittest, mit dir gemeinsam ein neues Leben zu erschaffen. Bei der nächsten Meditation »Sein Herz zurückholen« stellst du fest, ob du dein Herz weggegeben hast und an wen. Man gibt dir Gelegenheit, es zurückzuholen. Für die Erschaffung eines neuen Lebens ist ein Herz voller echtem Gefühl und Liebe eine Notwendigkeit.

Die nächsten beiden Meditationen »Mit Veränderungen fertig werden« und »Mut und Verpflichtung zur Heilung« werden dir aufzeigen, warum du dazu neigst, Veränderungen zu widerstehen oder sich gegen diese zu wehren. Woher nimmst du den Mut zum Weitermachen? Wie entwickle ich ihn?! Die Antworten finden sich in den zwei Meditationen. »Deiner Wahrheit vertrauen« erlaubt dir, dich wieder mit dem Punkt in dir zu verbinden, der klar sieht, ehrlich fühlt und die Wahrheit kennt. Die meisten von uns besaßen diese Sensibilität schon als kleine Kinder, doch die Mitmenschen und Umstände vernichten häufig unsere naive Realität, dann bleiben uns nur die Realitäten anderer Menschen übrig. Diese Meditation hilft dir, dich wieder mit deiner eigenen Realität und inneren Wahrheit zu verbinden. »Dich neu sehen« wird dir gestatten, deine alten Meinungen und Methoden, dich, dein Leben zu sehen, zu überprüfen, und bietet dir dann Gelegenheit, dein Leben in einem völlig neuen Licht zu sehen.

Ein neues Leben wäre unvollständig ohne das tiefe Gefühl von Frieden. »Im Herzen Gottes ruhen« gibt dir die Erfahrung, diesen tiefen Frieden und die Verbundenheit mit Gott zu erleben. Eine Meditation, die du vielleicht täglich machen möchtest. Sie eint Verstand, Herz und Körper und gibt dir einen Ort zum Ausruhen. Außer deiner Beziehung zu dir selbst ist deine Beziehung zu Gott die wichtigste in deinem Leben.

Und schließlich wird dir »Heilreise« erlauben, deinen Heilprozeß als eine Reise zu sehen, die Vergangenheit, Gegenwart und Zukunft hat. Du wirst prüfen, wo diese Reise begann, wie weit du gekommen bist und wo du in der Zukunft ankommen möchtest. Wenn du diese Straße mit dem Verständnis gewandert bist, daß Heilung ein Prozeß und auch geistige Disziplin bedeutet, wirst du erstaunt und erfreut sein über die Lichtsamen, die in deinen Körper und deine Seele gesät wurden. Samen, die wachsen und voll erblühen, leuchten und erhellen eine Welt der Auferstehung und eines neuen Lebens.

Du bist nicht allein

*Diese Meditation gibt dir Gelegenheit, Gott überhaupt zu ermög-
lichen, bei der Erschaffung deines neuen Lebens als Helfer und
Beistand mitzuwirken.*

Nimm eine bequeme Position ein, entweder im Sitzen oder
im Liegen. Die Arme sind nicht gekreuzt, die Beine nicht
übereinandergeschlagen.

Schließe die Augen. Atme einmal lang und tief ein und langsam wieder aus. Deine Atmung soll voll, tief und entspannt
sein.

Während du von zehn bis null zählst, kommt dein Verstand
zur Ruhe, und du wirst empfänglicher für die Weisheit deiner Seele und ihrer Heilkraft: zehn, neun, acht, sieben,
sechs, fünf, vier, drei, zwei, eins, null. Jetzt bist du ganz tief
entspannt.

Erinnere dich an all die Male in deinem Leben, da du versucht hast, etwas allein zu tun, als du dich allein und über-
fordert fühltest, weil du alles allein getan hast.

Und sieh dir das Ergebnis an.

Erinnere dich an all die Arten, wie du versucht hast, dir
durch äußere Dinge Hilfe und Beistand zu holen: Koffein,
Zucker, Medikamente, Zigaretten, Alkohol, zuviel Nahrung, zuviel Schlaf, zuviel Bewegung, von allem zuviel.

Und sieh dir das Ergebnis an.

Erinnere dich an die Male, als du Hilfe und Beistand bei

anderen Menschen suchtest, all die Male, als du von dem, was sie dir geben konnten, zu abhängig wurdest.

Und sieh dir das Ergebnis an.

Jetzt erinnere dich, falls möglich, an den Augenblick, als du beschlossen hast, Gottes Gegenwart dein Helfer und Beistand sein zu lassen. Als du beschlossen hast, aufzuhören, über das zu verhandeln, was du haben wolltest, und Gott erlaubt hast, einfach mit dir zu sein.

Und sieh dir das Ergebnis an.

Jetzt frage Dich: Bin ich bereit, damit aufzuhören, alles allein tun zu wollen? Bin ich endlich bereit, zuzugeben, daß ich Gott brauche?

Wenn du ihn brauchst, dann bitte gleich jetzt darum, daß das heilende Licht, die Gegenwart und die Kraft Gottes in dein Leben eintreten und als dein Helfer und Beistand handeln.

Atme tief! Stell dir dieses Licht vor, und spüre, wie Gottes Gegenwart und Kraft deinen Körper, dein Herz und deinen Verstand erfüllen.

Visualisiere, wie dein Leben sein kann und sein wird, von diesem Augenblick an, unterstützt und getragen von Gott.

Bedanke dich schweigend für die Heilgegenwart Gottes in deinem Leben.

In diesem Bewußtsein öffne die Augen, nachdem du bis zehn gezählt hast: eins, zwei, drei, vier, fünf, sechs, sieben, acht, neun, zehn.

Sein Herz zurückholen

Diese Meditation hilft dir zu entdecken, ob es in deiner Kindheit eine Zeit gab, in der du dein Herz jemandem geschenkt hast, den du liebtest. Du wirst erkennen, warum du dein Herz weggegeben hast, was mit ihm passiert ist und wie dies dein Leben beeinflußte. Du wirst Gelegenheit haben, dein Herz zurückzufordern, mit all seiner Liebe, Heilfähigkeit und Leidenschaft.

Nimm eine bequeme Position ein, entweder im Sitzen oder im Liegen. Die Arme sind nicht gekreuzt, die Beine nicht übereinandergeschlagen. Schließe die Augen. Atme einmal lang und tief ein und langsam wieder aus. Deine Atmung soll voll, tief und entspannt sein.

Während du von zehn bis null zählst, kommt dein Verstand zur Ruhe, und du wirst empfänglicher für die Weisheit deiner Seele und ihrer Heilkraft: zehn, neun, acht, sieben, sechs, fünf, vier, drei, zwei, eins, null. Jetzt bist du ganz tief entspannt.

Laß dir von deinem Unbewußten ein Bild aus deiner Kindheit geben, als du dein Herz weggegeben hast.

Stell dir diese Situation so klar wie möglich vor, und fühle, wie du damals gefühlt hast.

Wie alt warst du? Wem hast du dein Herz gegeben? Wieso kam es dazu?

Spüre, was in dir drinnen passiert, wenn du dein Herz weggibst.

Gibt es etwas, das du von der anderen Person haben wolltest oder brauchtest?

Wie reagiert die andere Person?

Was machen sie mit deinem Herzen?

Wie hat sich das auf dein Leben ausgewirkt?

Erzähl dieser Person, was du von ihr hältst, weil sie dein
Herz behalten hat.

Stell dir vor, wie du dein Herz zurückforderst, und fühle es.

Repariere dein Herz, wo es nötig ist.

Sobald dein Herz bereit ist, tue es wieder in deine Brust.

Spüre es in dir.

Spüre, wie Energie und Ausstrahlung deines Herzens in
alle Teile deines Körpers fließen.

Spüre, wie seine Heilkraft neues Leben in dir erzeugt.

Fühle die Leidenschaft, Liebe, Hoffnung und Mut, die wieder ein Teil von dir sind.

Sieh dich, wie du mit dem neuen Herzen ein neues Leben
von Ganzheit und Heilung erschaffst, und spüre es.

Du bist dir deines Herzens voll bewußt und bewahrst diese
Bewußtheit. Öffne die Augen, nachdem du bis zehn gezählt
hast: eins, zwei, drei, vier, fünf, sechs, sieben, acht, neun,
zehn.

Mit Veränderungen fertig werden

Diese Meditation wird dir helfen zu überprüfen, wie du reagierst, wenn dir bedeutende Veränderungen drohen. Außerdem versorgt sie dich mit ein paar neuen und gesunden Methoden, um mit dieser Situation umzugehen.

Nimm eine bequeme Position ein, entweder im Sitzen oder im Liegen. Die Arme sind nicht gekreuzt, die Beine nicht übereinandergeschlagen. Schließe die Augen. Atme einmal lang und tief ein und langsam wieder aus. Deine Atmung soll voll, tief und entspannt sein.

Während du von zehn bis null zählst, kommt dein Verstand zur Ruhe, und du wirst empfänglicher für die Weisheit deiner Seele und ihrer Heilkraft: zehn, neun, acht, sieben, sechs, fünf, vier, drei, zwei, eins, null. Jetzt bist du ganz tief entspannt.

Jetzt lenke deine Aufmerksamkeit auf deinen physischen Körper.

Stell fest, wie er sich anfühlt.

Fallen dir Punkte auf, die verspannt sind oder sich unangenehm anfühlen?

Sind irgendwelche Teile besonders entspannt?

Jetzt stelle dir eine reale Situation vor, in der bedeutende Veränderungen drohen.

Nimm wahr, wie dein Körper darauf reagiert. Nimm deine Atmung wahr.

Wie reagiert dein physischer Körper auf diese drohende Veränderung?

Welcher Teil deines Körpers reagiert am heftigsten auf diesen Streß?

Was erlebst du an diesen Stellen deines Körpers?

Jetzt achte auf deine Emotionen. Was fühlst du?

Wie reagiert dein Kopf auf die Bedrohung durch diese Veränderung? Was für Gedanken tauchen auf?

Jetzt atme lang und tief ein und langsam wieder aus. Erlaube deiner Atmung, wieder voll, tief und entspannt zu sein.

Jetzt richte deine Aufmerksamkeit auf deine Gedanken. Was für eine Bedeutung mißt du dieser Veränderung in deinem Leben bei?

Wie müßtest du die Art und Weise, mit der du diese Situation wahrnimmst, ändern, damit du anders auf sie reagierst?

Ändere diese Bedeutung. Wenn du willst, versuche diese Veränderung als eine Lektion in deinem Leben anzusehen, die deine Seele tiefer und reicher macht.

Nimm wahr, wie du dich jetzt fühlst.

Was ist mit deiner Gefühlsverfassung passiert?

Was ist mit deinem Körper passiert?

Wenn du die Wahl hättest, die Veränderung anzunehmen oder abzulehnen, wie sieht deine Entscheidung aus?

Was für eine Entscheidung möchtest du treffen?

Visualisiere, wie du die Entscheidung triffst.

Nimm wahr, wie du dich jetzt fühlst.

Wie reagiert dein Körper? Reagieren deine Gefühle? Reagiert dein Verstand? dein Geist?

Reagierst du auf diese Entscheidung auf eine gesunde Art und Weise?

Reagierst du auf diese mögliche Veränderung auf eine gesunde Art und Weise?

Visualisiere dich, wie du auf die Möglichkeit einer bedeutungsvollen Veränderung in einer gesunden, starken und offenen Weise reagierst, und fühle es.

Du bewahrst diese gesunden Reaktionen in dir. Öffne die Augen, nachdem du bis zehn gezählt hast: eins, zwei, drei, vier, fünf, sechs, sieben, acht, neun, zehn.

Mut und Verpflichtung zur Heilung

Diese Meditation wird dir helfen, Mut zu entwickeln. Sie unterstützt auch die Verpflichtung, dich zu heilen.

Nimm eine bequeme Position ein, entweder im Sitzen oder im Liegen. Die Arme sind nicht gekreuzt, die Beine nicht übereinandergeschlagen. Schließe die Augen. Atme einmal lang und tief ein und langsam wieder aus. Deine Atmung soll voll, tief und entspannt sein.

Während du von zehn bis null zählst, kommt dein Verstand zur Ruhe, und du wirst empfänglicher für die Weisheit deiner Seele und ihrer Heilkraft: zehn, neun, acht, sieben, sechs, fünf, vier, drei, zwei, eins, null. Jetzt bist du ganz tief entspannt.

Stell dir eine Situation vor, in der du Angst hast. Sieh dich so klar wie möglich, und fühle, was du damals fühltest.

Versuchst du, deine Angst zu maskieren oder zu verstecken? Falls ja, wie machst du es?

Glaubst du, daß jemand oder etwas der Grund für deine Angst ist?

Jetzt experimentiere mit dem Mut auf folgende Weise: Erst werde dir bewußt, wie sehr du äußere Einflüsse als Ursache deiner Angst betrachtest.

Dann lenke deine Aufmerksamkeit in dich selbst, und spüre, wie du in dieser Situation von deiner innersten Energie her reagierst, dem tiefsten, kraftvollsten Ort deiner Seele.

Atme. Stell dir vor, wie du von zwei Orten in deinem Körper aus reagierst, und fühle es: vom Solarplexus aus, deinem Zentrum der Willenskraft, und vom Herzen aus, deinem Zentrum von Liebe und Mitgefühl.

Verbinde dich mit der tiefsten Energie an diesen zwei Orten, und erlaube dir, Kraft, Klarheit, Sicherheit und Mitgefühl zu spüren, die dort sind. Spüre deine wahre Lebenskraft.

Und werde dir bewußt, daß deine Reaktionen mit dir beginnen.

Jetzt leere deinen Geist.

Stell dir eine Situation vor, in der du Wut hattest. Sieh dich so klar wie möglich und fühle, was du damals fühltest.

Versuchst du, deine Wut zu maskieren oder zu verstecken? Falls ja, wie machst du es?

Glaubst du, daß jemand oder etwas der Grund für deine Wut ist?

Jetzt experimentiere mit der Wut auf folgende Weise: Erst werde dir bewußt, wie sehr du äußere Einflüsse als Ursache deiner Wut betrachtest.

Dann lenke deine Aufmerksamkeit in dich selbst, und spüre, wie du in dieser Situation von deiner innersten Energie her reagierst, dem tiefsten, kraftvollsten Ort deiner Seele.

Atme. Stell dir vor, wie du von zwei Orten in deinem Körper aus reagierst, und fühle es: vom Solarplexus aus, deinem Zentrum der Willenskraft, und vom Herzen aus, deinem Zentrum von Liebe und Mitgefühl.

Verbinde dich mit der tiefsten Energie an diesen zwei Punkten, und erlaube dir, Kraft, Klarheit, Sicherheit und

Mitgefühl zu spüren, die dort sind. Spüre deine wahre Lebenskraft.

Und werde dir bewußt, daß deine Reaktionen mit dir beginnen.

Jetzt leere deinen Geist.

Stell dich in einer Situation vor, in der du dich wegen etwas schuldig fühltest. Sieh dich so klar wie möglich, und fühle, was du damals fühltest.

Versuchst du, dein Schuldgefühl zu maskieren oder zu verstecken? Falls ja, wie machst du es?

Glaubst du, daß jemand oder etwas der Grund für dein Schuldgefühl ist?

Jetzt experimentiere mit dem Schuldgefühl auf folgende Weise: Erst werde dir bewußt, wie sehr du äußere Einflüsse als Ursache deines Schuldgefühls betrachtest.

Dann lenke deine Aufmerksamkeit in dich selbst, und spüre, wie du in dieser Situation von deiner innersten Energie her reagierst, dem tiefsten, kraftvollsten Ort deiner Seele.

Atme. Stell Sir vor, wie du von zwei Orten in deinem Körper aus reagierst, und fühle es: vom Solarplexus aus, deinem Zentrum der Willenskraft, und vom Herzen aus, deinem Zentrum von Liebe und Mitgefühl.

Verbinde dich mit der tiefsten Energie an diesen zwei Punkten, und erlaube dir, Kraft, Klarheit, Sicherheit und Mitgefühl zu spüren, die dort sind. Spüre deine wahre Lebenskraft.

Und werde dir bewußt, daß deine Reaktionen mit dir beginnen.

Jetzt leere deinen Geist.

Stell dir eine Situation vor, in der du verzweifelt warst. Sieh dich so klar wie möglich, und fühle, was du damals fühltest. Versuchst du, deine Verzweiflung zu maskieren oder zu verstecken? Falls ja, wie machst du es?

Glaubst du, daß jemand oder etwas der Grund für deine Verzweiflung ist?

Jetzt experimentiere mit der Verzweiflung auf folgende Weise: Erst werde dir bewußt, wie sehr du äußere Einflüsse als Ursache deiner Verzweiflung betrachtest.

Dann lenke deine Aufmerksamkeit in dich selbst, und spüre, wie du in dieser Situation von deiner innersten Energie her reagierst, dem tiefsten, kraftvollsten Ort deiner Seele.

Atme. Stell dir vor, wie du von zwei Punkten in deinem Körper aus reagierst, und fühle es: vom Solarplexus aus, deinem Zentrum der Willenskraft, und vom Herzen aus, deinem Zentrum von Liebe und Mitgefühl.

Verbinde dich mit der tiefsten Energie an diesen zwei Punkten, und spüre die Kraft, Klarheit, Sicherheit und das Mitgefühl, die dort sind. Spüre deine wahre Lebenskraft.

Und werde dir bewußt, daß deine Reaktionen mit dir beginnen.

Jetzt leere deinen Geist.

Laß deine Aufmerksamkeit weiter auf deine Brustmitte und den Solarplexus gerichtet. Erlaube deinem Atem, dir zu helfen, die Lebenskraft in diesen Zentren zu spüren.

Stell dir vor, wie du vor einer weißen Linie stehst, die ein paar Schritte entfernt auf den Boden gemalt ist. Sammle alle Energie, die in deinem Herzen und deinem Willen ist. Atme!

Spüre, wie diese Lebenskraft durch deinen Rumpf fließt.

Dann hinauf in die Kehle, den Hals, den Kopf.

Hinunter in deine Arme und Hände.

Hinunter durch deine Beine und Füße.

Erlaube dir, die Lebenskraft zu spüren, die deine Verbindung zur Erde, dem Universum und Gott ist.

Mit dieser Energie und diesem Mut verpflichte dich, für deinen Heilprozeß zu sorgen, und tritt mit beiden Füßen über die weiße Linie.

Atme tief und erlaube dir zu erfahren, wie es ist, auf der anderen Seite der Linie zu stehen.

Du bleibst mit deiner Verpflichtung, dich zu heilen, und mit all der inneren Energie und all dem inneren Mut in Verbindung. Öffne die Augen, nachdem du bis zehn gezählt hast: eins, zwei, drei, vier, fünf, sechs, sieben, acht, neun, zehn.

Deiner Wahrheit vertrauen

Diese Meditation wird dich wieder mit deiner Fähigkeit verbinden, Wahrheit zu fühlen, zu sehen und zu wissen. Sie wird jenen Bereich in dir öffnen, der seit deiner Kindheit da ist, als du mit deiner eigenen Wirklichkeit in Berührung warst.

Nimm eine bequeme Position ein, entweder im Sitzen oder im Liegen. Die Arme sind nicht gekreuzt, die Beine nicht übereinandergeschlagen.

Schließe die Augen. Atme einmal lang und tief ein und langsam wieder aus. Deine Atmung soll voll, tief und entspannt sein.

Während du von zehn bis null zählst, kommt dein Verstand zur Ruhe, und du wirst empfänglicher für die Weisheit deiner Seele und ihrer Heilkraft: zehn, neun, acht, sieben, sechs, fünf, vier, drei, zwei, eins, null. Jetzt bist du ganz tief entspannt.

Kehre in deine Kindheit zurück, zu einer Zeit, als du offen, sensibel, bewußt und völlig lebendig warst.

Erinnere dich an eine Zeit, als du dir der Wahrheit bewußt warst; einer Zeit, da du alles klar fühltest und sahst, mit deinem Herzen.

Wie alt bist du? Wie fühlt es sich an, klar zu sehen und deiner Wahrheit zu vertrauen, deinem Wirklichkeitssinn? Wie fühlt sich dein Körper an? Wie weiß dein Körper, was er weiß?

Erfahre, wie du dich liebst und alle Menschen, die dich umgeben.

Gab es eine Zeit in deinem Leben, da es sicher war, in seinem Herzen zu sein und zu lieben? Wie erfährt dein Körper diese Liebe?

Atme lang und tief, und bewege dich in deinem Leben weiter fort, bis du einen Zeitpunkt erreichst, an dem du die Verbindung zu dieser Klarheit, dieser Wahrheit und dieser Liebe zu verlieren beginnst.

Was geschieht in deinem Leben, deiner Familie, deiner Umgebung?

Wann fängst du an, dich zu verschließen oder zu verkriechen?

Wann fängst du an, deinen eigenen Gefühlen zu mißtrauen, deinem Herzen, deiner Wahrheit?

Wann hast du zugelassen, daß die Wirklichkeit eines anderen deine eigene wurde?

Nimm wahr, wie sich dein Körper in diesem Alter anfühlt und auch jetzt, während du diesen Lebensabschnitt wieder betrachtest.

Was geschieht, wenn du deine Klarheit, Liebe und Wahrheit verschließt?

Jetzt kehre in die Gegenwart zurück, und wirf einen Blick auf das, was jetzt in deinem Leben los ist.

Wieviel Klarheit, Liebe und Wahrheit erfährst du?

Wie bereit bist du, dir wieder zu vertrauen, deinem Herzen und deiner eigenen Wahrheit?

Wie würde dein Körper an dieser Heilung teilnehmen?

Jetzt lenke deine Aufmerksamkeit auf dein Herz in der Mitte deiner Brust, dein Zentrum von Liebe und Mitgefühl. Beginne, Licht und Energie einzuatmen.

Beginn, ein Gefühl der Annahme einzuatmen – daß du annimmst, was wahr ist.

Laß diese Annahme dein Herz öffnen und mit Licht und Energie füllen.

Öffne dein Herz der Liebe. Atme!

Atme dieses Licht und diese Liebe in dein Herz, in deinen ganzen Körper. Nimm wahr, wie sich dein Körper anfühlt.

Laß für einen Augenblick alle Menschen und Probleme in deinem Leben zart durch deine Bewußtheit gleiten, wie Wolken am Himmel. Sieh alles klar von deinem Herzen aus.

Kenne die Wahrheit über jede Person und jede Situation. Atme!

Hebe langsam und leicht deine Hände, und lege sie über dein Herz, und atme in dein Herz.

Wiederhole im stillen für dich die Affirmation: Ich sehe die Wahrheit und nehme sie an.

In Liebe sehe ich die Wahrheit und nehme sie an.

Erlaube dir ein paar Minuten mehr in deinem Herzen zu bleiben (zwei oder drei Minuten).

Du speicherst diese Bewußtheit. Öffne die Augen, nachdem du bis zehn gezählt hast: eins, zwei, drei, vier, fünf, sechs, sieben, acht, neun, zehn.

Dich neu sehen

Diese Meditation wird dir helfen, dich selbst und dein Leben mit neuen Augen zu sehen.

Nimm eine bequeme Position ein, entweder im Sitzen oder im Liegen. Die Arme sind nicht gekreuzt, die Beine nicht übereinandergeschlagen.

Schließe die Augen. Atme einmal lang und tief ein und langsam wieder aus. Deine Atmung soll voll, tief und entspannt sein.

Während du von zehn bis null zählst, kommt dein Verstand zur Ruhe, und du wirst empfänglicher für die Weisheit deiner Seele und ihrer Heilkraft: zehn, neun, acht, sieben, sechs, fünf, vier, drei, zwei, eins, null. Jetzt bist du ganz tief entspannt.

Werde dir bewußt, wie du dich selbst und dein Leben siehst.

Sei dir all der Überzeugungen und Ideen bewußt, die du hast.

Ist dein Leben so, wie du es möchtest?

Ist es so, wie du gehofft und es dir erträumt hast?

Bist du der Mensch, der du sein möchtest?

Bist du so geworden, wie du es gehofft und dir erträumt hast?

Komm mit deinen Gefühlen in Berührung, während du dich selbst und dein Leben erforschst.

Jetzt geh an einen Zeitpunkt deines Lebens zurück, an dem du dir zum erstenmal vorgestellt hast, wer du werden wolltest und wie dein Leben aussehen sollte.

Wie warst du damals?

Woher kamen diese Vorstellungen? Gehören sie dir oder jemand anderem?

Sieh, mit welchen Mitteln du versucht hast, diese Vorstellungen zu verwirklichen.

Welche Mittel hatten Erfolg?

Welche Mittel haben versagt?

Gibt es Aspekte deiner Vorstellungen, die du loslassen mußt? Gibt es welche, die du ändern mußt?

Was für eine *innere* Heilung müßtest du durchmachen, um deine wahren Vorstellungen in der Welt zu verwirklichen? Atme!

Versenke dich in die Stelle deines Körpers, die Heilung braucht. Spüre die Energie, die diese tiefe Wunde enthält.

Jetzt stell dir vor, wie diese Energie sich allmählich von einem dunkelgrauen in ein glänzendgoldenes Licht verwandelt.

Spüre, wie dein ganzes Wesen im goldenen Licht dieser Verwandlung leuchtet.

Werde dir bewußt, daß diese Energie jetzt für deine eigene Heilung zugänglich ist.

Werde dir bewußt, daß dein Leben heilen wird, weil dein Inneres heilt. Die Kraft dieser Energie wird deine wahren Vorstellungen in der Welt verwirklichen.

Sieh dich und dein Leben mit neuen Augen. Sieh, wie du ein wahrhaftiges Leben lebst.

Atme. Bleib in dieser Energie und in diesen Vorstellungen, solange du möchtest. Bist du bereit, so öffne die Augen, nachdem du bis zehn gezählt hast: eins, zwei, drei, vier, fünf, sechs, sieben, acht, neun, zehn.

Im Herzen Gottes ruhen

Diese Meditation wird dich in einen sehr tiefen Zustand des inneren, tiefen Friedens versetzen und vereint dich mit Gott. Nach jedem Absatz des Countdowns wirst du eine volle Minute innehalten wollen.

Nimm eine bequeme Position ein, entweder im Sitzen oder im Liegen. Die Arme sind nicht gekreuzt, die Beine nicht übereinandergeschlagen. Schließe die Augen. Atme einmal lang und tief ein und langsam wieder aus. Deine Atmung soll voll, tief und entspannt sein.

Während du von zehn bis null zählst, kommt dein Verstand zur Ruhe, und du wirst empfänglicher für die Weisheit deiner Seele und ihrer Heilkraft: zehn, neun, acht, sieben, sechs, fünf, vier, drei, zwei, eins, null. Jetzt bist du ganz tief entspannt.

Versenke dich immer weiter und tiefer in dich.

Lenke deine Aufmerksamkeit auf deinen Atem, und spüre, wie er in deiner Brust ein und aus geht. Mit jedem Einatmen versinke noch tiefer und tiefer.

Atme ein, atme aus, atme im Atem Gottes.

Spüre, wie sich deine Brust und dein Herz mit dem Atem Gottes füllen, dem Atem des Lebens.

Laß die Bewußtheit zu, daß du vollkommen und ganz in deinem Atem bist, in deinem Körper.

Spüre, wie die Lebensenergie sanft durch deinen Körper

fließt und Muster der Schöpfung webt. Stell dir diese Muster als das Licht Gottes vor.

Tiefer und tiefer fließt das Licht Gottes durch deinen Körper. Erlaube deinem Körper, im Körper Gottes zu ruhen.

Erlaube deinem Körper, im Körper Gottes zu ruhen.

Laß deinen Verstand in der Gegenwart dieses Mysteriums ruhen.

Laß deinen Verstand im Verstand Gottes ruhen.

Laß dein Herz in diesem Frieden bleiben.

Laß dein Herz im Herzen Gottes ruhen.

Laß dein Herz im Herzen Gottes ruhen.

Bleibe in diesem Zustand, solange du möchtest. Öffne die Augen, wenn du bereit bist und nachdem du bis zehn gezählt hast: eins, zwei, drei, vier, fünf, sechs, sieben, acht, neun, zehn.

Heilreise

Diese Meditation wird dir einen Weg weisen, deine eigene Heil-
reise zu sehen. Sie ermöglicht es dir, einzuschätzen, wie weit du
gekommen bist, was du gelernt hast und wohin du von hier aus
gern gehen würdest.

Nimm eine bequeme Position ein, entweder im Sitzen oder
im Liegen. Die Arme sind nicht gekreuzt, die Beine nicht
übereinandergeschlagen. Schließe die Augen. Atme einmal lang und tief ein und langsam wieder aus. Deine Atmung soll voll, tief und entspannt sein.
Während du von zehn bis null zählst, kommt dein Verstand
zur Ruhe, und du wirst empfänglicher für die Weisheit
deiner Seele und ihrer Heilkraft: zehn, neun, acht, sieben,
sechs, fünf, vier, drei, zwei, eins, null. Jetzt bist du ganz tief
entspannt.
Sieh dich am Anfang deiner Heilreise. Wann und wo hat sie
begonnen?
Wie warst du damals?
Was waren deine Bedürfnisse, deine Erwartungen, was war
dein Ziel?
Wieviel oder wie wenig wußtest du über dich selbst, deinen
Körper, deine Seele?
Beobachte, wie diese Reise dich in die Gegenwart geführt
hat (halte ein oder zwei Minuten inne).
Jetzt atme tief durch. Sieh dich in der Gegenwart und fühle

es. Wie hast du dich entwickelt? Was hast du über dich erfahren?

Über deinen Körper?

Über deine Seele?

Über deine Beziehung zu Gott?

Was sind deine gegenwärtigen Bedürfnisse, Erwartungen, was ist dein Ziel?

Jetzt blicke in die Zukunft. Sieh dich, wie du ein geheiltes Leben lebst.

Was siehst du? Was tust du?

Wie hat sich deine Heilreise entwickelt?

Sieh dich und dein neues Leben klar und deutlich. Laß dieses Bild in deinem Herzen bleiben.

Spüre seine Energie. Du bist dabei, der zu werden, der du bist, tief in deiner Seele.

Laß Vergangenheit, Gegenwart und Zukunft zusammenfließen in ein geheiltes Leben.

Und erlaube dir selbst, der heilenden Gegenwart Gottes in deinem neuen Leben zu vertrauen.

Du nimmst diese neue Sichtweise und diese Wahrheit mit dir. Öffne die Augen, nachdem du bis zehn gezählt hast: eins, zwei, drei, vier, fünf, sechs, sieben, acht, neun, zehn.

Kapitel 5
Anderen helfen zu heilen

Es scheint ein tiefer Wunsch bei vielen von uns zu sein, das Leiden des Menschen zu erleichtern, den wir lieben. Manchmal dehnt sich der Wunsch nach außen aus auf Personen, die wir kaum kennen, sogar auf die ganze Menschheit und auch auf kranke Tiere, Vögel und Pflanzen.

Je tiefer unser Mitgefühl für alle Geschöpfe entwickelt ist, desto wahrscheinlicher schlagen wir den Weg eines Heilers ein. Es gibt Heiler in allen Schattierungen, und es liegt an jedem einzelnen von uns, die Richtung zu finden, die ihm am meisten liegt. Geistheilen liegt mir persönlich am besten, und das seit über zwanzig Jahren. Ich lehre es meine Studenten im Touching-Spirit®-Ausbildungsprogramm, einer Ausbildung mit dem beruflichen Abschluß als Geistheiler. Die neun Meditationen und Übungen dieses Kapitels wurden entworfen, um deine Fähigkeiten als Heiler zu entwickeln, aber auch, um deine intuitiven Anlagen zu stärken. Alle Meditationen der ersten vier Kapitel können anderen vorgelesen werden. Diese neun sind nur dazu gedacht, dich darin zu üben, mit anderen Menschen in deiner Funktion als Heiler zu arbeiten. Es spielt keine Rolle, ob du ein professioneller Heiler bist oder Amateur oder einfach nur ein Mensch, der gern anderen helfen möchte. Wichtig ist allein ein Herz voll tiefem Mitgefühl. Das ist die einzige Voraussetzung.

Eigentlich gibt es noch eine zweite Bedingung. Ein wahrer Heiler hat Selbstheilung gemacht und tut es immer noch. Möchtest du anderen helfen, so ist es unumgänglich, daß du bei dir selbst beginnst. Deshalb habe ich dieses Kapitel an den Schluß des Buches gestellt. Ich hoffe, du hast genug Zeit und Hingabe, um mit den früheren Kapiteln anzufangen. Hat deine eigene Heilreise erst einmal richtig begonnen, kannst du auch anderen helfen. Doch es ist wesentlich, daran zu denken, mit deiner eigenen Heilarbeit weiterzumachen. Heilen ist lebenslange Übung. Es gibt keine Ziellinie. Es kommt nicht der Augenblick, wo du sagen kannst: »Es ist geschafft. Ich bin perfekt!« Wenn du das einsiehst, kann Selbstheilung ein reicher und lohnender, geistiger Weg sein. Der wahre Schatz aller spirituellen Wege ist die Reise selbst.

Es gibt noch viele andere Heilübungen, die du anwenden kannst, ohne ein professioneller Heiler zu sein oder einen Heilberuf erlernt zu haben. Lies bestimmte Meditationen aus früheren Kapiteln Freunden oder deiner Familie vor. Arbeitest du im Gesundheitswesen, wirst du sie vielleicht in deiner Praxis einsetzen. »Tiefenentspannung«, »Mit dem Körper kommunizieren« und »Selbstheilung« aus dem ersten Kapitel sind ein heilsames Trio zur Anwendung bei körperlich kranken Menschen. Du solltest sie nicht alle auf einmal vorlesen, sondern eine nach der anderen, verteilt über zwei oder drei Tage. Der Kranke sollte sich nach der Meditation etwas ausruhen. Danach erst frage ihn, was er erlebt hat und wie er sich fühlt. Beschränke das Reden auf ein Minimum, da es guttut, in diesem tief entspannten

Zustand zu bleiben, den die Meditationen erzeugen. Wichtig ist, das Gespräch so positiv wie möglich zu führen, weil man nach einer Meditation in einer sehr beeinflußbaren und offenen Verfassung ist.

Dieses Kapitel beginnt mit zwei Übungen, die deine intuitiven Fähigkeiten entwickeln: »Intuitives Wahrnehmen« und »Psychometrie«. Die erste Übung wird zu zweit gemacht und führt dich in einen tief entspannten und offenen Zustand. Dein Verstand kommt zur Ruhe. In diesem Zustand nimmst du spontan Antworten auf Fragen wahr, die über die Person, die vor dir sitzt, gestellt werden. Bei »Psychometrie«, der zweiten Übung, hältst du einen Gegenstand, der jemand anderem gehört oder gehörte, und siehst, wie viele Informationen du über diese Person entnehmen kannst. Gegenstände, vor allem aus Metall, halten die Energie. Wird der Gegenstand viel getragen, wie eine Uhr oder Schmuck, oder dicht am Körper aufbewahrt, wie zum Beispiel ein Schlüssel, dann ist er vollgesogen mit der Energie seines Besitzers. Schlüssel werden warm, falls man sie länger in der Hosentasche trägt. Das ist die Energie ihres Besitzers.

Die Gaben der Intuition sind folgende: *Hellfühligkeit, Hellsichtigkeit, Hellhörigkeit, Telepathie* und *direktes Wissen*. In Kapitel drei »Geistige Selbstverteidigung« haben wir schon über das Hellfühlen gesprochen. Wie ich dort andeutete, besteht meine Begabung in der Hellfühligkeit gegenüber dem, was andere Menschen fühlen, sowohl körperlich wie emotional. Ich nenne das »ein *geistiger Schwamm* sein«. Als ich das Hellsehen entwickelte, die Fähigkeit, Informationen aus Bildern und Farben herauszulesen, stellte ich fest, daß ich nicht soviel Energie anderer Personen aufsaugte. Hellsichtig sein kann zum Beispiel bedeuten, du siehst eine Szene aus der Kindheit eines Menschen wie in einem Film. Anschließend ist man in der Lage, nützliche Informationen an die betroffene Person weiterzugeben, die ihr hilfreiche, neue Erkenntnisse vermitteln. Ein anderes Beispiel kommt mir noch in den Sinn: Als ich vor vielen Jahren mit einer Frau arbeitete, sah ich vor meinem inneren Auge, dem dritten Auge, eine Flickenpuppe. Ich beschrieb sie ihr. Sie bestätigte, daß sie als Kind eine derartige Puppe besessen habe. Sie hatte lange nicht mehr an sie gedacht und nahm an, daß sie verschenkt oder weggeworfen worden sei. Dies führte zu einem Gespräch über ihre Kindheit. Ich erinnere mich nicht mehr an alle Einzelheiten, doch ich weiß noch, daß ich ihr vorschlug, wieder eine Flickenpuppe zu kaufen und sie auf ihr Bett zu setzen. Es widerstrebte ihr. Sie wollte keine unerfreulichen Gefühle wiederbeleben, die in ihrer Kindheit geschehen waren. Nach ein paar Wochen erschien sie schließlich wieder und berichtete, daß sie doch eine Flickenpuppe gekauft und auf ihr Bett gesetzt habe. Zu ihrer Überraschung tauchten jetzt bei ihr viele Erinnerungen auf. Sie und ich arbeiteten Ärger und Traurigkeit auf, die sie so viele Jahre schon begleiteten. Ohne dieses auch innerlich wahrgenommene Bild der Puppe hätte es wahrscheinlich noch viel länger gedauert, einen Zugang zu ihren Erinnerungen und den sie begleitenden Gefühlen zu finden.

Es gibt neben Hellsehen auch Hellhörigkeit, das klare Hören. Von allen Begabungen scheint diese am wenigsten verstanden zu werden. Die römisch-katholische Kirche neigt sogar zu der Annahme, nur Heilige und Priester besäßen diese Fähigkeit. Ich bin da anderer Meinung. Wir alle haben die Gabe des inneren Hörens, doch in der Regel beachten wir sie nicht. Diese leise, innere Stimme, die sagt: »Park hier nicht! du kriegst einen Strafzettel.« Falls wir diese Warnung überhören – was passiert? Wir kriegen einen Strafzettel. Oder, wie in meinem Fall, der Wagen wird gestohlen. Solche inneren Informationen können wir auch für andere Menschen erhalten. Manchmal höre ich das höhere Selbst eines Menschen bei einer Chakren- oder Körperkontrolle zu mir sprechen. Nie werde ich die junge und schöne krebskranke Frau vergessen, die mich aufsuchte. Als ich sie zum erstenmal behandelte, hörte ich ihre Stimme innerlich zu mir sagen: »Du kannst mich nicht heilen. Liebe mich einfach nur.« Ein paar Monate später starb sie. In der ganzen schweren Zeit gab ich ihr so viel Liebe, wie ich ihr nur geben konnte.

Viele glauben, Hellhörigkeit sei etwas Unheimliches, weil sie Angst davor haben, »Stimmen zu hören«. Wir hören unseren Verstand ständig reden. Manchmal rät er uns, den Telefonhörer zu nehmen und jemanden anzurufen – sofort. Immer wenn ich das tue, erwische ich den Telefonpartner, wie er gerade nach Hause kommt oder gerade weggehen will. Bei Sitzungen mit Patienten hat die innere Stimme mir oft gesagt, was diese zu ihrer Heilung beitragen sollen, wie zum Beispiel keinen Zucker zu konsumieren! Wenn ich die

Information weitergebe, lacht der Betroffene manchmal und gesteht, daß er in letzter Zeit zuviel Zucker gegessen hat. Häufig bedeutet diese Antwort einfach fehlende Selbstliebe.

Telepathie oder geistige Kommunikation ist die meistverbreitete Fähigkeit. Sie passiert ständig, doch im allgemeinen achten wir nicht weiter darauf. Du denkst an einen Freund, den du lange Zeit nicht gesehen hast, und schon klingelt das Telefon, oder eine Stunde später kommt ein Brief von ihm. Du wünschst dir, dein Mann würde eine Pizza zum Abendessen mitbringen, fünf Minuten später spaziert er mit einer Pizza herein. Solche Beispiele gibt es auch bei einer Heilung. Manchmal haben die Betroffenen Angst, mir bestimmte Details aus ihrem Leben zu erzählen. Hält der Befragte den Gedanken im Geist fest, überträgt dieser sich häufig auf mich, und ich fange ihn dann hellhörend oder hellsehend auf. Beispiele sind Themen wir Rauchen, Alkohol, sexueller Mißbrauch oder Gewalt. Mit einem Fremden über diese Dinge zu sprechen ist oft schwierig. Fange ich die Information telepathisch auf, so kann ich oft einen sanften Weg finden, denjenigen zu ermuntern, mir davon zu erzählen, ohne besonders deutlich werden zu müssen. Bei intuitiver Arbeit ist es äußerst wichtig, *niemals* auch nur anzudeuten, daß jemand sexuell mißbraucht worden sei. Und genauso wichtig ist es, *niemals* eine medizinische Diagnose zu stellen. Falls du das Gefühl hast, etwas stimmt nicht, ist es klug und äußerst ratsam, einen Besuch beim Arzt oder Psychotherapeuten vorzuschlagen.

Die umfassendste Fähigkeit ist das direkte Wissen. Du

weißt es einfach. Du weißt nicht, wieso du es weißt, aber du weißt es. Die alte, romantische Vorstellung, daß du jemanden in einem Raum voller Menschen siehst und genau weißt, dieser ist für dich bestimmt, gibt ein gutes Beispiel. Oder vielleicht weiß man es auch bei einer Wohnung oder einem Haus. Ich erinnere mich, wie ich in New York zu meiner ersten Wohnung kam. Ich hatte mir schon ungefähr ein Dutzend angesehen, keine gefiel mir. Als ich dann diese Wohnung betrat, wußte ich schon nach dem ersten Schritt durch die Tür, daß es die richtige war. Manchmal, wenn ein neuer Teilnehmer in meinen Workshop kommt, weiß ich schon, ob er bei der Stange bleiben oder hinwerfen wird. Ich bin sicher, du hast deine eigenen Beispiele. Direktes Wissen scheint stattzufinden, indem alle intuitiven Begabungen zusammenlaufen, und zwar so rasch und auf so organische Weise, daß man einfach *weiß*. Es gibt keinen Zweifel, keine Fragen. Wir wissen einfach, was wahr ist. Das ist wahres Wissen.

Bei der intuitiven Arbeit sind vier Regeln zu beachten: 1. Nimm an, was kommt. 2. Ändere nichts. 3. Urteile nicht. 4. Nimm immer an, es gehört nicht zu dir, bis das Gegenteil bewiesen ist.

Regel 1: Nimm an, was kommt. Das heißt, wenn du eine Information erhältst, nimm sie an. Wirf sie nicht weg, weil sie dir nicht gefällt, du sie nicht verstehst oder sie für unwichtig hältst. Wenn du eine schleimige grüne Schlange als Haustier deines Partners »siehst«, sei damit einverstanden! Vielleicht stimmt es.

Regel 2: Ändere nichts. Das heißt, du solltest die Information akzeptieren, wie du sie erhältst, ohne sie auf irgendeine Weise zu verändern. Wenn du »hörst«, wie der Vater deines Partners vor Wut flucht und schreit, laß nicht das Fluchen weg. Es kann der wichtigste und aussagekräftigste Teil der Information sein.

Regel 3: Urteile nicht. Damit sind zwei Dinge gemeint: Beurteile das, was durchkommt, nicht als dumm, verrückt oder falsch. Und es bedeutet, daß du über deinen Partner und über das, was du über ihn erfährst, nicht richten sollst.

Regel 4: Nimm immer an, es gehört nicht dir, bis das Gegenteil bewiesen ist. Das heißt, du sollst annehmen, daß die Information deinen Partner betrifft, nicht dich. Wenn du, zum Beispiel, »fühlst«, die größte Angst deines Partners ist, verlassen zu werden, nimm nicht an, daß du deine eigene Angst auf deinen Partner überträgst, weil das auch deine Angst ist. Nur weil du sie auch empfindest, bedeutet es noch lange nicht, daß dein Partner sie nicht auch hat. Wie heißt es doch so schön? Nur weil du paranoid bist, heißt das noch lange nicht, daß nicht jemand hinter dir her ist!

Dies sind die wichtigsten vier Regeln, die du beachten solltest, falls du versuchst, deine intuitiven Fähigkeiten zu entwickeln. Ein paar Vorsichtsmaßnahmen gibt es auch: Belege kein körperliches Leiden mit dem Namen einer Krankheit. Nimmst du eine Körperstelle als nicht gesund wahr, so empfiehl dem Partner, zum Arzt zu gehen. Schlage keine

Medikamente, keine Nahrungsmittel und keine Behandlungen vor. Und deute niemals an, der Partner sei sexuell mißbraucht worden.

Hast du »Intuitives Wahrnehmen« und »Psychometrie« gemacht und entdeckt, daß du sehr sensitiv bist, oder wenn du Lehrer bist, der mit Gruppen von Heilern arbeitet, kannst du die Kontrollübungen ausprobieren, wie zum Beispiel »Körperkontrolle« oder »Chakrakontrolle«. Durch diese Übungen trainierst du die Hände, keine Veränderungen in der Energie aufzufangen, die der Körper eines Menschen aussendet.

Die folgende Liste kann als Ratgeber für verschiedene Interpretationsmöglichkeiten dienen. Der wichtigste Faktor ist deine eigene Intuition. Sollten diese Aufstellung und deine Intuition nicht synchron sein, dann verlasse dich auf deine Intuition und hol dir die Bestätigung bei der Person, die du behandelst, bei einem anderen Heiler oder einem Lehrer für Heilen.

Deine Hände fühlen:

- Sanfte Wärme: gesunde Energie
- Kälte: mangelnder Energiefluß
- Kälte und Ausdehnung oder Bewegung: hoher Pegel geistiger Offenheit oder fehlende Grenzen
- Angenehmes Prickeln: gesunder Energiefluß
- Unangenehmes Prickeln oder Kratzen: Ungleichgewicht oder Schmerz
- Vibration oder Pulsieren: energetisiert
- Nichts: eine »tote« Stelle, keine Energie

- Magnetische Anziehung des Körpers: Energie fehlt
- Magnetischen Widerstand des Körpers: guter Energiefluß oder Widerstand
- Eine Wand. Die Hände halten inne und bewegen sich nicht weiter: Blockade, Widerstand
- Schmerz, Druck: Entzündung, Schmerz, Krankheit
- Extreme Hitze: Entzündung oder Krankheit
- Kontraktion oder Wärme: Spannung
- Leichtes Zittern: Energiefluß
- Heftiges Zittern: Ungleichgewicht, Schmerz oder Krankheit, die sich entlädt

Die Energiekontrolle übt dich auch darin, alle Eindrücke, Bilder, Farben, Worte und Gefühle zu beachten, die in deinem eigenen Körper oder in deinem Geist dabei entstehen. Du lernst, die Hände wie Wünschelruten zu verwenden und dich selbst als Barometer. Bei »Körperkontrolle« stellen sich deine Hände auf die Kontrolle des physischen Körpers ein, bei der »Chakrakontrolle« auf die feinstoffliche Energie, welche die sieben Hauptchakren deines Partners ausstrahlen.

Wieder ist es sehr wichtig zu bedenken, daß du niemals, gleichgültig, wie intuitiv und genau du auch bist, versuchen solltest, den Gesundheitszustand eines anderen Menschen zu diagnostizieren, außer du bist Arzt. Abgesehen davon, daß es gegen das Gesetz verstößt, könntest du dich auch irren. Dies könnte sich schädlich auf die Gesundheit der anderen Person auswirken oder könnte sie dazu veranlassen, nicht sofort zum Arzt zu gehen. Diese Übungen dienen nur rein pädagogischen Zwecken. Hast du einen vielleicht besorgniserregenden Eindruck vom Körper eines anderen Menschen bekommen und Fragen bedrängen dich, dann solltest du mit einem medizinisch ausgebildeten Spezialisten sprechen und der Person, mit der du arbeitest, vorschlagen, einen Arzt zu Rate zu ziehen.

Hast du deine intuitive Sensitivität entwickelt, kannst du an einer Heilung durch »Handauflegen« teilnehmen. Beginne mit der Grundstufe, bei der sich die Aufmerksamkeit auf einen Bereich des Körpers einstellt. Sie dauert etwa zwanzig Minuten. Dieser Prozeß verursacht einen Energieabdruck, der Heilung im Körper katalysiert. Er hilft dem Körper unterstützend, seine eigenen natürlichen Heilreaktionen zu mobilisieren. Jede Mutter, die ihr Kind liebevoll und tröstend berührt, praktiziert Handauflegen. Diese Elementarstufe des Handauflegens kann tatsächlich dazu verwendet werden, Kinder und Tiere zu heilen. Einmal sandte ich diese Energie einer Frau, deren Hund alt wurde und Lähmungen in den Hinterbeinen hatte. Der Hund konnte nicht mehr laufen. Ein paar Wochen später schrieb sie zurück, ihr Hund springe wieder herum wie früher. Tiere wie Kinder verfügen nicht über so komplizierte Gedankenmuster und Glaubenssysteme wie Erwachsene. Sie können Heilenergie leichter zulassen, denn der Verstand mischt sich nicht ein. Der wichtigste Faktor ist Liebe, die du tief im Herzen spürst, während du Heilung gibst. Die Liebe wird mit der Energie übermittelt, und eigentlich ist sie der mächtigste Heiler.

Falls du ein erfahrener Heiler bist oder schon lange Körper-arbeit ausübst, wirst du vielleicht das Handauflegen der mittleren oder auch fortgeschrittenen Stufe einsetzen wollen. Bei der Mittelstufe beginnst du am Kopf, gehst zur Körperstelle, die Heilung braucht, und endest bei den Füßen, zu beiden Seiten des Körpers. Diese Übung dauert etwa dreißig Minuten. Bei der fortgeschrittenen Stufe arbeitest du auch auf beiden Seiten des Körpers, aber die Chakren kommen noch hinzu. Diese Version dauert etwa fünfundvierzig Minuten. Du solltest dich nur an sie wagen, wenn du schon genug Erfahrung gesammelt hast.

Immer ist es wesentlich für diese Anwendungsmethode, die Einwilligung der zu behandelnden Person zu erhalten. Das Handauflegen kann auch ein paar Zentimeter über dem Körper geschehen, falls jemandem die direkte Berührung unangenehm ist. Unerläßlich ist es, weder Gesicht, Augen, Kehle, Brüste, Becken noch die Leisten- oder Schamgegend zu berühren. Bei den meisten Menschen sind diese Stellen besonders empfindlich und werden mit Intimität assoziiert. Die Heilenergie wird auch dann gespürt, wenn die Hände ein paar Zentimeter vom Körper entfernt sind. Sage der Person, die du behandelst, auf jeden Fall, daß sie dich wissen lassen soll, wann du die Hände wegnehmen oder mit der Heilung aufhören sollst. Du würdest ihrer Bitte sofort entsprechen.

Wesentlich ist auch, daß du verhältnismäßig gesund bist, solltest du durch Handauflegen heilen wollen. Wenn du eine Erkältung hast, eine Grippe oder Halsweh, kann sich die zu behandelnde Person anstecken. Wenn du ein Rückenproblem hast, wird es sich wahrscheinlich nach einer halben Stunde Handauflegen verstärken. Und bei einer schweren Krankheit wie Krebs oder Aids wäre es besser, jemand anderen diese körperlich beanspruchende Heilarbeit machen zu lassen. Braucht dein eigener Körper Heilung, so kann er Heilenergie nicht richtig übertragen. Kalte Hände solltest du nur über einen Körper halten. Warte, bis sie warm geworden sind, ehe du jemanden berührst.

Die Person, die Heilung empfangen soll, muß es völlig bequem haben. Am besten legt sie sich auf einen Massagetisch oder ein Bett. Du kannst das Bett deines Patienten benützen, aber niemals dein eigenes. Notfalls tut es auch ein Stuhl. Vor und nach der Behandlung sollte der Raum gereinigt werden. Du mußt sichergehen, daß der Praxisraum so neutral wie möglich ist, das heißt, er sollte frei von anderen Energien oder Einflüssen sein. Stell Telefon, Fernsehgerät und Radio ab. Häng einen Zettel an die Eingangstür, damit niemand klingelt. Entferne alle tickenden Uhren. Leg Uhr und Schmuck ab, den du vielleicht trägst. Jede Art von Metall wird den Fluß der Heilenergie beeinträchtigen, deshalb soll auch der Patient seinen Schmuck abnehmen. Trage alles in einen anderen Raum. Dann zünde eine Kerze an, und verbrenne Räucherwerk oder Salbei. Feuer und starke Kräuter und Öle sind seit Jahrtausenden bei Heilritualen verwendet worden. Sie helfen, Energie und Atmosphäre eines Raumes zu harmonisieren. Du kannst auch im Hintergrund leise und getragene Musik spielen lassen. Wichtig ist nur, daß die Musik leise, kaum hörbar ist. Da es im Raum stiller wird, wenn du die Heilung beginnst, wirkt die Musik lauter als zu dem Zeitpunkt, an dem du sie eingestellt hast. Verwende einen Kassettenspieler mit Autoreserve oder eine CD, die lange spielt, denn es sollte nicht mitten in der Behandlung klick machen oder die Musik endgültig aufhören.

Günstig ist, wenn die zu behandelnde Person bei der Behandlung und/oder danach einschläft, da ein tief entspannter Körper seine Heilenergien besser mobilisieren kann. Laß die Person so lange schlafen wie möglich. Nach dem Aufwachen kann sie sich erfrischt fühlen oder, was wahrscheinlicher ist, zuerst ziemlich erledigt. Hilf ihr vorsichtig vom Massagetisch herunter oder vom Bett. Hol ihr ein Glas Wasser. Sei nicht überrascht, wenn es ziemlich lange dauert, bis sie wieder ganz da ist. Eine derart tiefe Entspannung ist in unserer schnellebigen Zeit von heute selten möglich. Ein Luxus, der mehr Anklang finden sollte. Falls möglich, schlage der Person vor, sich für den Rest des Tages nichts mehr vorzunehmen, spazierenzugehen, streßfrei zu sprechen, gut zu essen und sich fürsorglich zu behandeln. Auch nach einer Sitzung ist es besser, nicht zuviel zu reden.

Nach Ende der Sitzung, sobald du wieder allein bist, zündest du erneut Räucherwerk an oder Salbei, öffnest die Fenster und gehst mit dem brennenden Weihrauch im Zimmer im Kreis. Dies wird helfen, alle Energien freizugeben, die im Raum waren. Wedle mit dem Salbei über den Massagetisch oder das Bett oder über den Stuhl. Du kannst auch eine kleine Schale mit Wasser nehmen, ein Gebet der Reinigung darüber sprechen und es im Raum verspritzen. Ein passendes Gebet wäre zum Beispiel: Möge das Wasser den Raum reinigen, damit er nur von Liebe erfüllt ist.

Das Gebet ist eine der wirksamsten Techniken, die wir bei uns selbst oder anderen anwenden können. Wie neueste wissenschaftliche Studien und Bücher gezeigt haben, ist das Gebet eine der besten geistigen Übungen, die es gibt. Alle Religionen und Kulturen auf der ganzen Welt verwenden es. Sogar westliche Ärzte mit einer konventionellen medizinischen Praxis haben begonnen, mit ihren Patienten zu beten.

»Fernheilung« liefert eine Methode, sich auf Gesicht, Körper oder Namen einer Person einzustellen, die nicht gegenwärtig ist, und ihr Heilung zu schicken. Dabei wird die Energie verwendet, die wir in ein Gebet einbringen, sowie geführte Imagination. Auf diese Weise benutzen wir die rechte Gehirnseite in Verbindung mit der linken, um eine stärkere Reaktion in uns zu erzeugen. Du kannst die Person, der du Heilung schicken möchtest, vorher um ihre Einwilligung bitten. Mit den Jahren habe ich jedoch festgestellt, daß viele Menschen sich sehr freuen, Heilung geschickt zu bekommen. Falls jemand keine Heilenergie haben will, prallt sie ohnehin von ihm ab.

Die letzte Meditation »Die Weltseele heilen« ist eine schöne Möglichkeit, auf einer kollektiven, universalen Ebene an einer Heilung teilzunehmen. Wir alle wünschen uns Frieden auf Erden und ein Universum voll Liebe und Harmonie. Indem du dein eigenes Herz öffnest und diese Energie durch das ganze Universum schickst, kannst du deinen Teil dazu beitragen, die Weltseele heilen zu helfen.

Wenn du ein wenig achtsam bist, wirst du vielleicht erkennen, daß du das Heilen als deinen geistigen Weg zu lieben beginnst. Dann suche dir einen Lehrer, der dir bei deiner Reise helfen kann. Laß zu, daß du von deinem tiefen inneren Wissen wie auch vom gesunden Menschenverstand geführt wirst. Überzeuge dich, daß dein Lehrer Selbstheilung auch als seinen geistigen Weg betrachtet. Nur wenn du von innen her heilst, wirst du zu einem Heiler, der anderen Menschen helfen kann zu heilen. Und was am allerwichtigsten ist, deine Gegenwart wird Heilung sein.

Intuitives Wahrnehmen

Diese Meditation wird dir helfen, dich deinen eigenen intuitiven Talenten zu öffnen: Hellfühlen, Hellsehen, Hellhören, der Telepathie und dem direkten Wissen.

Für diese Übung benötigst du einen Partner. Der eine ist aktiv, der andere passiv. Nachdem man sich ausgetauscht hat und nach kurzer Pause kann jeder die Rolle des anderen übernehmen. Achte genauso sorgfältig auf die falschen Antworten wie auf die richtigen. Beide zeigen dir, wie Informationen aufgenommen und verarbeitet werden sollen.

Denke immer an die vier Regeln für die intuitive Arbeit: 1. Nimm an, was kommt. 2. Ändere nichts. 3. Urteile nicht. 4. Nimm immer an, es gehört nicht dir, bis das Gegenteil bewiesen ist (was bedeutet: die Information gehört deinem Partner).

Ein paar Vorsichtsmaßnahmen: Belege kein körperliches Leiden mit dem Namen einer Krankheit. Hast du den Eindruck, eine Körperstelle deines Partners sei krank, schlage deinem Partner vor, zum Arzt zu gehen. Empfiehl keine Medikamente, Nahrungsmittel oder Behandlungen. Und deute niemals an, der andere könnte sexuell mißbraucht worden sein.

Stell zwei Stühle so hin, daß du und dein Partner euch gegenübersitzt, ohne euch zu berühren.

Überzeuge dich, daß ihr genau festgelegt habt, wer der aktive und wer der passive Teil ist. Beide Partner sollten am Anfang die Augen schließen.

Wenn ihr die Augen wieder öffnet, kann der passive Teilnehmer zur Seite oder nach unten blicken, doch er muß dabei die Augen offenhalten.

Schließt die Augen. Atmet lang und tief ein sowie ganz langsam wieder aus. Während ihr von zehn bis null zählt, kommt der Verstand zur Ruhe, und der Körper entspannt sich: zehn, neun, acht, sieben, sechs, fünf, vier, drei, zwei, eins, null.

Falls du der aktive Teil bist, komm mit dem leuchtenden weißen Licht hoch über dir in Verbindung. Sieh und spüre, wie es auf dich herabfließt und dich umhüllt. Dabei atme dieses Licht in deinen Körper ein. Nimm wahr, wie es in deine Lungen eindringt und deinen ganzen Körper mit Licht erfüllt.

Erfahre, wie diese Lichtenergie ungehindert in jedem Chakra ein und aus fließt und dein Rückgrat hinauf- und hinuntersteigt.

Sieh und spüre, wie dieses weiße Licht sich an der Basis deines Rückgrats in deinem Chakra der Erdung und Sicherheit zart in einer kreisförmigen Bewegung dreht.

Laß es durch deine Beine fließen und hinab in den Boden, um dich mit Mutter Erde zu verbinden.

Spüre, wie die Energie deine Beine hinauf- und hinunterfließt.

Jetzt laß die Energie in einer spiralförmigen Bewegung von deinem ersten Chakra zum zweiten im Becken aufsteigen, deinem Zentrum des Hellfühlens.

Und dann hoch zu deinem dritten Chakra beim Solarplexus. Laß dein Zentrum des Willens sich entspannen.

Und hinauf zu deinem Herzchakra in der Mitte deiner Brust, deinem Zentrum des Mitgefühls. Atme!

Und weiter zu deinem Kehlchakra, deinem Zentrum des Hellhörens.

Und zu deinem dritten Auge zwischen den Augenbrauen, deinem Zentrum des Hellsehens, der Telepathie und geistigen Kommunikation.

Und hoch zum Kronenchakra auf dem Scheitel deines Kopfes, deinem Zentrum direkten Wissens.

Fühle, wie die Energie gelöst durch alle deine Chakren fließt.

Jetzt richte deine Aufmerksamkeit auf dein drittes Auge zwischen den Augenbrauen. Spüre, wie die Energie zart in einer kreisförmigen Bewegung fließt und dein Zentrum der geistigen Sicht öffnet.

Öffne ganz langsam die Augen, und sieh auf Gesicht und Kopf deines Partners und sein Umfeld. Was siehst du? Was fällt dir als erstes auf?

Solltest du dieser Person zum erstenmal begegnen, was würde dir auffallen?

Siehst du irgendein Licht, eine Bewegung oder Energie um den Kopf des Partners?

Jetzt blick tiefer in das Gesicht des Partners. Wer ist dieser Mensch, der dir gegenübersitzt?

Was für Emotionen siehst du, gegenwärtige und vergangene?

Wie war diese Person als Kind? Laß alles Denken sein, und sieh einfach, fühle, spüre, höre.

Wie war die Mutter dieser Person?

Hat dein Partner irgendwelche Eigenschaften von ihr?

Lebt sie noch?

Wie war der Vater dieser Person?

Hat dein Partner irgendwelche Eigenschaften von ihm?

Lebt er noch?

Hatte dein Partner als Kind irgendwelche Tiere? Was für welche?

Hörst du irgendwelche Namen?

Wovor hat dein Partner am meisten Angst?

Was ist seine größte Begabung?

Muß er jemandem vergeben? Wem?

Was ist die wichtigste Lektion, die dein Partner in diesem Leben lernen kann?

Jetzt lenke deine Aufmerksamkeit genau auf den Punkt über dem Kopf des Partners.

Stell dir einen Ball aus weißem Licht vor, der sich sanft durch Kopf und Körper deines Partners hinabbewegt und alle Stellen beleuchtet, die Aufmerksamkeit oder Heilung brauchen.

Mach eine Pause von ein oder zwei Minuten.

Atme. Laß alles Denken sein, und sieh einfach, fühle, höre, wisse (mach eine Pause von ein oder zwei Minuten).

Jetzt lenke deine Bewußtheit auf die Füße deines Partners. Nachdem du bis drei gezählt hast, wird das weiße Licht wie ein Laserstrahl auf die Körperstelle deines Partners weisen, die die meiste Heilung braucht: eins – zwei – drei.

Richte deine Aufmerksamkeit auf diesen Teil des Körpers. Was nimmst du wahr?

Was fühlst du?

Was siehst du?

Was hörst du?

Was scheinst du über diese Körperstelle zu wissen?

Was für Heilung ist nötig?

Nachdem du bis drei gezählt hast, wirst du spontan das Bild eines Heilsymbols bekommen: eins – zwei – drei. Nimm an, was du siehst, auch wenn dir die Bedeutung nicht klar ist.

Stell dir deinen Partner als völlig ganz, geheilt und voller Energie vor.

Schließe die Augen. Atme lang und tief ein und langsam wieder aus.

Nachdem du die Augen wieder geöffnet hast, berichte deinem Partner, was du gefühlt, gesehen und gehört hast. Laß die Informationen zu, wie sie dir einfallen. Und sobald du zu Ende bist, kann dein Partner reagieren.

Vergiß nicht: Belege kein körperliches Leiden mit dem Namen einer Krankheit. Falls du eine Körperstelle als nicht gesund empfindest, rate deinem Partner, zum Arzt zu gehen. Schlage keine Medikamente, Nahrungsmittel oder Behandlungen vor. Und deute niemals an, daß der andere sexuell mißbraucht worden ist.

Sobald du mit dem Bericht über deine Eindrücke fertig bist, wasch dir die Hände und setze dich, um dich mit folgender Übung zu reinigen:

Schließe die Augen. Atme tief und lang ein und langsam wieder aus.

Stelle dir vor, wie die Energien, die du vom anderen aufgenommen hast, hinauf in deinen Kopf steigen und dort austreten, spüre sie. Fang bei den Fußsohlen an, geh durch den Rumpf deines Körpers hinauf, und entlasse die Energien durch den obersten Punkt deines Kopfes.

Wenn du das Gefühl hast, du seist völlig gereinigt, öffne die Augen.

Psychometrie

Diese Übung macht Spaß und ist eine einfache Methode, um deine intuitive Sensitivität zu erhöhen. Du kannst sie allein mit Gegenständen von Personen machen, die du kennst, oder mit einem Partner. Ein Partner gibt dir sofort Feedback, was sehr wichtig ist, weil du dann erfährst, ob du recht hast oder nicht. Nach einer kurzen Pause könnt ihr die Rollen tauschen. Gegenstände zu verwenden, die nur einer Person gehören, wie zum Beispiel eine Uhr, Schlüssel oder ein Schmuckstück, ist leichter, aber du kannst auch Gegenstände nehmen, die von Familienmitgliedern, Verwandten und Freunden gereicht werden. In diesem Fall kannst du Informationen über beide aufnehmen, über deinen Partner wie auch über die Person, die deinem Partner den Gegenstand gegeben hat.

Stell zwei Stühle so hin, daß du und dein Partner euch nahe gegenübersitzt, ohne euch zu berühren.

Bestimmt eure Rollen. Der eine wird die Übung machen, und der andere einen Gegenstand liefern. Nur der Gegenstand, der sofort benutzt wird, sollte im Zimmer sein. Für den Augenblick leg ihn zur Seite, aber in Reichweite. Alle anderen Gegenstände laß in einem anderen Zimmer.

Die Arme sind nicht gekreuzt, die Beine nicht übereinandergeschlagen. Schließe die Augen. Atme einmal lang und tief ein und langsam wieder aus. Deine Atmung soll voll, tief und entspannt sein.

Während du von zehn bis null zählst, kommt dein Verstand zur Ruhe, und du wirst empfänglicher für die Weisheit deiner Seele und ihrer tiefen Intuition: zehn, neun, acht, sieben, sechs, fünf, vier, drei, zwei, eins, null. Jetzt bist du ganz tief entspannt.

Richte deine Aufmerksamkeit auf einen Punkt weit über deinem Kopf, hoch oben im Himmel, und verbinde dich mit dem strahlenden, kräftigen weißen Licht, das in einem Strom an Energie auf dich herabkommt.

Laß dieses weiße Licht um dich fließen und mit jedem Atemzug in deine Lungen und durch deinen Körper strömen.

Erfahre, wie diese Lichtenergie ungehindert in jedem Chakra ein und aus fließt und dein Rückgrat hinauf- und hinuntersteigt.

Sieh und spüre, wie dieses weiße Licht sich an der Basis deines Rückgrats in deinem Chakra der Erdung und Sicherheit zart in einer kreisförmigen Bewegung dreht.

Laß es durch deine Beine fließen und hinab in den Boden, um dich mit Mutter Erde zu verbinden.

Spüre, wie die Energie ungehindert deine Beine hinauf- und hinunterfließt.

Jetzt laß die Energie, in einer spiralförmigen Bewegung von deinem ersten Chakra zum zweiten im Becken aufsteigen, deinem Zentrum des Hellfühlens.

Und dann hoch zu deinem dritten Chakra beim Solarplexus. Erlaube deinem Zentrum des Willens, sich zu entspannen.

Und hinauf zu deinem Herzchakra in der Mitte deiner Brust, deinem Zentrum des Mitgefühls. Atme!

Und weiter zu deinem Kehlchakra, deinem Zentrum des Hellhörens.

Und zu deinem dritten Auge zwischen den Augenbrauen, deinem Zentrum des Hellsehens, der Telepathie und geistigen Kommunikation.

Und hoch zum Kronenchakra auf den Scheitel deines Kopfes, deinem Zentrum direkten Wissens.

Fühle, wie die Energie gelöst durch alle deine Chakren fließt.

Jetzt lenke deine Aufmerksamkeit auf dein drittes Auge zwischen den Augenbrauen. Spüre, wie die Energie zart in einer kreisförmigen Bewegung fließt und dein Zentrum geistiger Sicht öffnet.

Richte deine Aufmerksamkeit jetzt auf deine Hände.

Beide Hände liegen auf den Beinen, die Handflächen nach oben. Fühle das Energiechakra im Zentrum jeder Handfläche.

Diese Chakren öffnen sich, und du fühlst das Fließen der Energie und Sensitivität bis in die Finger und Fingerspitzen.

Jetzt sind deine Hände wie Wünschelruten: sensitiv, offen und bereit, Eindrücke zu empfangen.

Nimm den Gegenstand von deinem Partner entgegen.

Während du den Gegenstand in deinen Händen fühlst – was ist dein erster Eindruck?

Was für eine Empfindung hast du in den Händen, während du ihn hältst?

Deine Augen sind noch geschlossen. Kannst du trotzdem sagen, was es ist?

Laß alles Denken sein, und nimm nur wahr, fühle, sehe, höre, wisse.

Wie alt ist der Gegenstand?

Wem gehört er?

War es ein Geschenk? Oder wurde er von jemandem zum persönlichen Gebrauch gekauft?

Wie viele Besitzer hat er gehabt?

Jetzt atme lang und tief, und versinke noch tiefer in dich.

Wie fühlt sich dein Körper an, während du diesen Gegenstand hältst?

Was für Emotionen nimmst du wahr?

Hörst du Worte? Sätze?

Siehst du Farben?

Siehst du Bilder?

Laß diese Bilder sich wie Filmszenen in deinem Geist entfalten.

Laß alles Denken sein, und verfolge einfach die Bilder.

Nimmst du noch anderes von dem Gegenstand auf?

Nachdem du die Augen geöffnet hast, wirst du deinem Partner die Eindrücke schildern können, die du von diesem Gegenstand erhalten hast. Wenn du bis zehn gezählt hast, öffne die Augen: eins, zwei, drei, vier, fünf, sechs, sieben, acht, neun, zehn.

Bist du mit dem Bericht über deine Eindrücke fertig, gib den Gegenstand zurück, wasche die Hände in kaltem Wasser und setze dich, um dich mit folgender Übung zu reinigen: Schließe die Augen. Atme tief und lang ein und aus. Stelle dir vor, wie die Energien, die du von dem Gegenstand aufgenommen hast, hinauf in deinen Kopf steigen und dort austreten, und spüre es. Fang bei den Fußsohlen an und geh durch den Rumpf deines Körpers hinauf. Entlasse dann die Energien durch den obersten Punkt deines Kopfes. Hast du das Gefühl, völlig gereinigt zu sein, kannst du die Augen öffnen.

Körperkontrolle

Diese Übung wird dich lehren, deine Hände zu sensibilisieren und sie dazu zu benutzen, die Energieausstrahlung eines menschlichen Körpers abzutasten. Du brauchst zwei Stühle, am besten ohne Armlehnen, und einen Partner. Vielleicht möchtest du Papier und Bleistift auf einem Tisch neben dir bereithalten, so daß du dir während der Untersuchung ein paar Notizen machen kannst. Eine Kontrolle dauert etwa dreißig Minuten.

Stell zwei Stühle so hin, daß du und dein Partner euch nahe gegenübersitzen könnt, ohne euch zu berühren.

Bestimmt eure Rollen. Der eine von euch beiden wird die Untersuchung machen, der andere bleibt passiv.

Ihr solltet zu Anfang beide sitzen. Der aktive Partner wird zu Beginn durch eine kurze Chakrenöffnung geführt, um die intuitive Sensitivität zu stärken, und stellt sich danach hinter den Stuhl des Partners. Er setzt sich nach etwa der Hälfte der Untersuchung, und der Partner erhebt sich. Es wird euch gesagt werden, wann ihr die Position ändern sollt.

Die Arme sind nicht gekreuzt, die Beine nicht übereinandergeschlagen. Schließe die Augen. Atme einmal lang und tief ein und langsam wieder aus. Deine Atmung soll voll, tief und entspannt sein.

Während du von zehn bis null zählst, kommt dein Verstand zur Ruhe, und du wirst empfänglicher für die Weisheit deines Unbewußten und seiner tiefen Intuition: zehn, neun, acht, sieben, sechs, fünf, vier, drei, zwei, eins, null. Jetzt bist du ganz tief entspannt.

Richte deine Aufmerksamkeit auf einen Punkt weit über deinem Kopf, hoch oben im Himmel, und verbinde dich mit dem strahlenden, kräftigen weißen Licht, das in einem Strom an Energie auf dich herabkommt.

Laß dieses weiße Licht um dich fließen und mit jedem Atemzug in deine Lungen und durch deinen ganzen Körper strömen.

Erfahre, wie diese Lichtenergie ungehindert in jedem Chakra ein und aus fließt und dein Rückgrat hinauf- und hinuntersteigt.

Sieh und spüre, wie dieses weiße Licht sich an der Basis deines Rückgrats in deinem Chakra der Erdung und Sicherheit zart in einer kreisförmigen Bewegung dreht.

Laß es durch deine Beine fließen und hinab in den Boden, um dich mit Mutter Erde zu verbinden.

Spüre, wie die Energie ungehindert deine Beine hinauf- und hinunterfließt.

Jetzt laß die Energie in einer spiralförmigen Bewegung von deinem ersten Chakra zum zweiten im Becken aufsteigen, deinem Zentrum des Hellfühlens.

Und dann hoch zu deinem dritten Chakra beim Solarplexus. Erlaube deinem Zentrum des Willens, sich zu entspannen.

Und hinauf zu deinem Herzchakra in der Mitte deiner Brust, deinem Zentrum des Mitgefühls. Atme!

Und weiter zu deinem Kehlchakra, deinem Zentrum des Hellhörens.

Und zu deinem dritten Auge zwischen den Augenbrauen, deinem Zentrum des Hellsehens, der Telepathie und geistigen Kommunikation.

Und hoch zum Kronenchakra auf den Scheitel deines Kopfes, deinem Zentrum direkten Wissens.

Fühle, wie die Energie gelöst durch alle deine Chakren fließt.

Jetzt lenke deine Aufmerksamkeit auf dein drittes Auge zwischen den Augenbrauen. Spüre, wie die Energie sanft in einer kreisförmigen Bewegung fließt und dein Zentrum geistiger Sicht öffnet.

Richte deine Aufmerksamkeit jetzt auf deine Hände. Die Hände liegen auf den Schenkeln, die Handflächen nach oben. Fühle das Energiechakra im Zentrum jeder Handfläche.

Diese Chakren öffnen sich, und du fühlst das Fließen der Energie und Sensitivität bis in die Fingerspitzen.

Jetzt sind deine Hände wie Wünschelruten: sensitiv, offen und bereit, Eindrücke zu empfangen.

Stell dich nun hinter den Stuhl deines Partners, und beginn die Untersuchung. Deine Knie sind leicht eingeknickt, dein Körper ist entspannt. Schließe die Augen und atme tief durch.

Hebe die Arme, so hoch du kannst. Halte deine Augen weiterhin geschlossen, deine Hände und Finger sind entspannt. Senke die Arme, bis deine Hände sich über den Schultern deines Partners befinden. Sobald du irgendeine Art feinstofflicher Energie spürst, die die Schultern ausstrahlen, halte inne.

Bleib in dieser Position, und stell dich auf diese Energien ein.

Bemerkst du einen Unterschied zwischen der rechten und der linken Schulter?

Ist die eine Hand höher als die andere?

Spürst du Unbehagen, Kitzeln, Wärme oder Kälte?

Ist die Energie angenehm und fließt ungehindert, oder ist sie unangenehm und blockiert?

Nimm dir einen Augenblick Zeit, und mach dir Notizen, wenn du willst.

Jetzt tritt neben den Stuhl deines Partners. Bist du Rechtshänder, trittst du auf die rechte, bist du Linkshänder, auf die linke Seite.

Halte die Hände nebeneinander so hoch wie möglich über den Kopf des Partners. Mit entspannten Handflächen und Fingern senkst du sie langsam, bis du die Energie fühlst, die vom Kopf deines Partners ausstrahlt.

Jetzt bewege die Hände langsam so abwärts, daß die eine Hand hinter dem Kopf ist und die andere vor der Stirnhöhle und den Augen. Laß die Hände sich sanft in diesen Zonen bewegen, wobei du auf alles achtest, was du siehst, fühlst oder hörst.

Vertraue deinen Eindrücken. Spürst du unterschiedliche Stellen? Sind sie unausgeglichen? Warm oder kalt? Schmerzen an irgendwelchen Punkten deine Hände?

Jetzt laß deine Hände zu Ohren, Zähnen, Kiefer, Hals und Kehle weiterwandern.

Nimm dir einen Augenblick Zeit, und mach dir Notizen, wenn du willst.

Jetzt laß deine Hände an der Brust des Partners vorbeiglei-
ten, an Herz und Lungen, wie auch am oberen Rücken und
am Rückgrat.

Dann bewege sie entlang den Schultern, Armen und Händen.

Erlaube dir, deinen Eindrücken zu trauen. Spürst du unterschiedliche Zonen? Sind sie unausgeglichen? Warm oder
kalt? Schmerzen an irgendwelchen Punkten deine Hände?
Nimm dir einen Augenblick Zeit, und mach dir Notizen,
wenn du willst.

An diesem Punkt bitte deinen Partner, aufzustehen und
sich neben den Stuhl zu stellen. Du setzt dich jetzt hin.
Schlage ihm vor, die Knie etwas einzuknicken und die Augen zu schließen.

Jetzt plaziere eine Hand vor seinem Magen und die andere
vor seinem mittleren Rücken. Benutze deine Hände, um
diese Zonen zu erforschen. Auch Leber und Gallenblase
unter dem rechten Rippenbogen, Milz und Pankreas unter
dem linken sowie Leber und Nebennieren am Rücken in
Höhe der Taille.

Traue deinen Eindrücken. Spürst du unterschiedliche Zonen? Sind sie unausgeglichen? Warm oder kalt? Schmerzen
an irgendwelchen Punkten deine Hände?

Nimm dir einen Augenblick Zeit, und mach dir Notizen,
wenn du willst.

Laß deine Hände, Becken und Geschlechtsorgane erforschen, Eingeweide, Dickdarm, Hüften und unteren Rük-
ken.

Vertraue deinen Eindrücken. Spürst du unterschiedliche

Zonen? Sind sie unausgeglichen? Warm oder kalt? Schmerzen an irgendwelchen Punkten deine Hände?

Nimm dir einen Augenblick Zeit, und mach dir Notizen, wenn du willst.

Geh hinunter zu den Beinen, Knien, Knöcheln und Füßen. Vertraue deinen Eindrücken. Spürst du unterschiedliche Zonen? Sind sie unausgeglichen? Warm oder kalt? Schmerzen an irgendwelchen Punkten deine Hände?

Nimm dir einen Augenblick Zeit, und mach dir Notizen, wenn du willst.

Falls es eine Körperzone gibt, die du noch einmal abtasten möchtest, nimm dir eine Minute Zeit, und untersuche sie.

Sobald du fertig bist, sag deinem Partner, daß er sich wieder setzen kann. Schließe deine Augen, und entspann dich völlig.

Du kannst dann deine Hände in kaltem Wasser waschen und für deinen Partner ein Glas Wasser holen, das Zimmertemperatur haben sollte.

Danach kannst du deine Notizen mit deinem Partner durchgehen.

Vergiß nicht: Belege kein körperliches Leiden mit dem Namen einer Krankheit. Wenn du eine Körperstelle als nicht gesund empfindest, rate deinem Partner, zum Arzt zu gehen. Schlage keine Medikamente, Nahrungsmittel oder Behandlungen vor. Und deute niemals an, daß der andere sexuell mißbraucht worden ist.

Chakrakontrolle

Diese Übung wird dich lehren, deine Hände zu sensibilisieren und sie dazu zu benutzen, die Energieausstrahlung der sieben Hauptchakren eines Menschen abzutasten. Als der aktive Teil wirst du durch eine kurze Meditation geführt, die deine eigenen Chakren öffnet, um deine Sensitivität zu verstärken. Du brauchst zwei Stühle, am besten ohne Armlehnen, und einen Partner. Vielleicht möchtest du Papier und Bleistift auf einem Tisch neben dir bereithalten, damit du dir während der Untersuchung Notizen machen kannst. Diese Übung wird jeweils fünfundvierzig Minuten dauern.

Stell zwei Stühle so hin, daß du und dein Partner euch nahe gegenübersitzen könnt, ohne euch zu berühren.

Wählt eure Rollen. Der eine von euch wird die Untersuchung machen, der andere bleibt passiv.

Zu Anfang solltet ihr beide sitzen. Der aktive Partner wird vor der Untersuchung durch eine kurze Chakrenöffnung geführt.

Er wird zu Beginn neben dem Partner sitzen, der an seiner Seite steht. Nach der Hälfte der Kontrolle wird er sich erheben, und der Partner wird sich setzen. Es wird euch gesagt werden, wann ihr die Positionen wechseln sollt.

Die Arme sind nicht gekreuzt, die Beine nicht übereinandergeschlagen.

Schließe die Augen. Atme einmal lang und tief ein und langsam wieder aus. Deine Atmung soll voll, tief und entspannt sein.

Während du von zehn bis null zählst, kommt dein Verstand zur Ruhe, und du wirst empfänglicher für die Weisheit deiner Seele und ihrer tiefen Intuition: zehn, neun, acht, sieben, sechs, fünf, vier, drei, zwei, eins, null. Jetzt bist du ganz tief entspannt.

Richte deine Aufmerksamkeit auf einen Punkt weit über deinem Kopf, hoch oben im Himmel, und verbinde dich mit einem stark strahlenden, kräftigen weißen Licht, das in einem Strom an Energie auf dich herabkommt.

Laß dieses weiße Licht um dich fließen und mit jedem Atemzug in deine Lungen und durch deinen ganzen Körper strömen.

Erfahre, wie diese Lichtenergie ungehindert in jedem Chakra ein und aus fließt und dein Rückgrat hinauf- und hinuntersteigt.

Sieh und spüre, wie dieses weiße Licht sich an der Basis deines Rückgrats in deinem Chakra der Erdung und Sicherheit zart in einer kreisförmigen Bewegung dreht.

Laß es durch deine Beine fließen und hinab in den Boden, um dich mit Mutter Erde zu verbinden.

Spüre, wie die Energie ungehindert deine Beine hinauf- und hinunterfließt.

Jetzt laß die Energie in einer spiralförmigen Bewegung sanft von deinem ersten Chakra zum zweiten im Becken aufsteigen, deinem Zentrum des Hellfühlens.

Und dann hoch zu deinem dritten Chakra beim Solarplexus. Erlaube deinem Zentrum des Willens, sich zu entspannen.

Und hinauf zu deinem Herzchakra in der Mitte deiner Brust, deinem Zentrum des Mitgefühls. Atme!

Und weiter zu deinem Kehlchakra, deinem Zentrum des Hellhörens.

Und zu deinem dritten Auge zwischen den Augenbrauen, deinem Zentrum des Hellsehens, der Telepathie und geistigen Kommunikation.

Und hoch zum Kronenchakra auf den Scheitel deines Kopfes, deinem Zentrum direkten Wissens.

Fühle, wie die Energie gelöst durch alle deine Chakren fließt.

Jetzt lenke deine Aufmerksamkeit auf dein drittes Auge zwischen den Augenbrauen. Spüre, wie die Energie sanft in einer kreisförmigen Bewegung fließt und dein Zentrum geistiger Sicht öffnet.

Richte deine Aufmerksamkeit jetzt auf deine Hände. Die Hände liegen auf den Schenkeln, Handflächen nach oben. Fühle das Energiechakra im Zentrum jeder Handfläche.

Diese Chakren öffnen sich, und du fühlst das Fließen der Energie und Sensitivität bis in die Fingerspitzen.

Jetzt sind deine Hände wie Wünschelruten: sensitiv, offen und bereit, Eindrücke zu empfangen.

An diesem Punkt sollte der passive Teilnehmer aufstehen, den Stuhl wegschieben und sich neben den aktiven Partner stellen, der sitzt.

Zu Beginn befinden sich deine Hände an der Basis des Rückgrats deines Partners, die eine Hand vorn, die andere hinten. Beweg sie voneinander weg, so weit wie möglich. Während deine Schultern und Hände entspannt bleiben, führst du deine Hände langsam auf den Körper zu, bis du die feinstoffliche Energie spüren kannst, die vom ersten Chakra des Partners ausgeht, dem Zentrum der Sicherheit. Halt inne, und spüre die Energie mit deinen Händen. Ist sie warm oder kalt? Ruhig oder bewegt? Angenehm oder unangenehm?

Läßt dein Partner die Energie nah am Körper, oder dehnt sie sich aus?

Siehst du Farben?

Hörst du Worte oder Sätze?

Siehst du Bilder?

Spürst du Emotionen?

Nimm dir einen Augenblick Zeit, und schreibe die Eindrücke auf, die du festhalten möchtest (falls nötig, mach eine Pause von ein oder zwei Minuten).

Jetzt geh zum zweiten Chakra, dem Zentrum der Sexualität und der schöpferischen Lebenskraft. Die Hände so weit wie möglich auseinander, plaziere die eine Hand vor dem Becken und die andere hinten vor dem Kreuzbein oder dem unteren Rücken.

Halt hier inne, und spüre die Energie mit deinen Händen. Ist sie warm oder kalt? Ruhig oder bewegt? Angenehm oder unangenehm?

Läßt dein Partner die Energie nah am Körper, oder dehnt sie sich aus?

Siehst du Farben?

Hörst du Worte oder Sätze?

Siehst du Bilder?

Spürst du Emotionen?

Nimm dir einen Augenblick Zeit, und schreibe die Eindrücke auf, die du festhalten möchtest (falls nötig, mach eine Pause von ein oder zwei Minuten).

Jetzt geh zum dritten Chakra hinauf, dem Zentrum der Willenskraft, Motivation und Vitalität. Die Hände so weit wie möglich auseinander, plaziere die eine Hand vor dem Solarplexus und die andere hinten am mittleren Rücken.

Halt inne, und spüre die Energie mit deinen Händen. Ist sie warm oder kalt? Ruhig oder bewegt? Angenehm oder unangenehm?

Läßt dein Partner die Energie nah am Körper, oder dehnt er sich aus?

Siehst du Farben?

Hörst du Worte oder Sätze?

Siehst du Bilder?

Spürst du Emotionen?

Nimm dir einen Augenblick Zeit, und schreibe die Eindrücke auf, die du festhalten möchtest (falls nötig, mach eine Pause von ein oder zwei Minuten).

Jetzt geh zum vierten Chakra hinauf, dem Zentrum von Liebe und Mitgefühl. Die Hände so weit wie möglich auseinander, plazierst du eine Hand vor der Brust und die andere im Zentrum des oberen Rückens.

Halt hier inne, und spüre die Energie mit beiden Händen. Ist sie warm oder kalt? Ruhig oder bewegt? Angenehm oder unangenehm?

Läßt dein Partner die Energie nah am Körper, oder dehnt sie sich aus?

Siehst du Farben?

Hörst du Worte oder Sätze?

Siehst du Bilder?

Spürst du Emotionen?

Nimm dir einen Augenblick Zeit, und schreibe die Eindrücke auf, die du festhalten möchtest (falls nötig, mach eine Pause von ein oder zwei Minuten).

Jetzt geh zum fünften Chakra, dem Zentrum des Selbstausdrucks. Die Hände so weit wie möglich auseinander, plazierst du die eine Hand vor der Kehle und die andere vor dem Nacken.

Halt hier inne, und spüre die Energie mit beiden Händen. Ist sie warm oder kalt? Ruhig oder bewegt? Angenehm oder unangenehm?

Läßt dein Partner die Energie nah am Körper, oder dehnt sie sich aus?

Siehst du Farben?

Hörst du Worte oder Sätze?

Siehst du Bilder?

Spürst du Emotionen?

Nimm dir einen Augenblick Zeit, und schreibe die Eindrücke auf, die du festhalten möchtest (falls nötig, mach eine Pause von ein oder zwei Minuten).

Jetzt geh zum sechsten Chakra hoch, dem Zentrum des Klarsehens und der Intuition. Die Hände so weit wie möglich auseinander, plazierst du die eine Hand vor der Stirn und die andere vor dem Hinterkopf.

Halt hier inne, und spüre die Energie mit beiden Händen. Ist sie warm oder kalt? Ruhig oder bewegt? Angenehm oder unangenehm?

Läßt dein Partner die Energie nah am Körper, oder dehnt sie sich aus?

Siehst du Farben?

Hörst du Worte oder Sätze?

Siehst du Bilder?

Spürst du Emotionen?

Nimm dir einen Augenblick Zeit, und schreibe die Eindrücke auf, die du festhalten möchtest (falls nötig, mach eine Pause von ein oder zwei Minuten).

Jetzt geh zum siebten Chakra hoch, dem Zentrum des geistigen Bewußtseins. Die Hände so hoch wie möglich erhoben, plazierst du sie nebeneinander über dem Kopf.

Halt die Hände so, und fühle die Energie mit ihnen. Ist sie warm oder kalt? Ruhig oder bewegt? Angenehm oder unangenehm?

Läßt dein Partner die Energie nah am Körper, oder dehnt sie sich aus?

Siehst du Farben?

Hörst du Worte oder Sätze?

Siehst du Bilder?

Spürst du Emotionen?

Nimm dir einen Augenblick Zeit, und schreibe die Eindrücke auf, die du festhalten möchtest (falls nötig, mach eine Pause von ein oder zwei Minuten).

Wenn du willst, nimm dir eine Minute Zeit, um alle Chakren noch einmal zu überprüfen (mach eine Pause von einer Minute).

Wenn du fertig bist, setz dich. Schließe die Augen und entspanne dich völlig.

Du kannst dir jetzt die Hände in kaltem Wasser waschen und deinem Partner und dir ein Glas Wasser holen, das Zimmertemperatur hat.

Dann kannst du deine Notizen mit deinem Partner durchgehen.

Vergiß nicht: Belege kein körperliches Leiden mit dem Namen einer Krankheit. Wenn du eine Körperstelle als nicht gesund empfindest, rate deinem Partner, zum Arzt zu gehen. Schlage keine Medikamente, Nahrungsmittel oder Behandlungen vor. Und deute niemals an, daß der andere sexuell mißbraucht worden ist.

Handauflegen
(Grundstufe)

Diese Meditation wird dich in die Grundstufe des Handauflegens einweisen. Sie kann mit Erwachsenen, Kindern und Tieren gemacht werden. Die Person oder das Tier soll eine bequeme Position einnehmen, entweder im Sitzen oder im Liegen – sie/es kann sogar schlafen. Stell dich so hin, daß du die Hände entweder über den betroffenen Körperteil halten oder sie leicht auf ihm ruhen lassen kannst. Sorge dafür, daß du diese Haltung bequem ungefähr zwanzig Minuten einnehmen kannst. Wenn dir zu irgendeinem Zeitpunkt unbehaglich zumute wird, hebe die Hände, verändere deine Stellung, und lege die Hände wieder auf. Denke daran zu atmen.

Wenn du die Person bist, die geheilt werden soll, nimm deine Position auf dem Stuhl, auf dem Massagetisch oder auf dem Bett ein. Atme tief und lang durch, und entspanne dich. Ganz bewußt stellst du deine Absicht darauf ein, dich zu öffnen und für die Heilung empfänglich zu sein, die du erhalten sollst.

Bist du der Heiler, so beginne damit, deine Arme an der Seite herabhängen zu lassen, tief durchzuatmen und die Augen zu schließen. Laß deine Atmung voll, tief und entspannt sein.

Sprich zuerst ein einfaches Gebet, das zu deiner geistigen Überzeugung paßt, wie etwa: Ich bitte darum, daß mein

Ego ausgeschaltet wird und die Heilung zum Besten der Person (oder des Tieres) geschieht, die sie empfängt. Ich bitte, daß Gottes heilende Liebe und Kraft anwesend sein mögen.

Während du von zehn bis null zählst, laß deinen Verstand zur Ruhe kommen, und entspanne dich noch mehr: zehn, neun, acht, sieben, sechs, fünf, vier, drei, zwei, eins, null. Atme. Jetzt bist du vollkommen entspannt.

Richte deine Aufmerksamkeit auf einen Punkt weit über deinem Kopf, hoch oben im Himmel, und verbinde dich mit der strahlenden, kraftvollen weißen Lichtenergie, die auf dich herabströmt.

Erfahre dieses weiße Licht, wie es um dich fließt und durch dich fließt und deinen Körper mit seinem Leuchten erfüllt.

Mit jedem Atemzug saugst du dieses Licht ein. Während es dich erfüllt und umgibt, durchdringt es dein ganzes Wesen und vereint sich mit dem Fluß an Lebensenergie, der bereits durch deinen Körper strömt.

Lenke deine Aufmerksamkeit auf dein Herzchakra in der Mitte deiner Brust, dem Zentrum von Liebe und Mitgefühl. Visualisiere, wie das weiße Licht dort seine Energie konzentriert, und beginne, seine zarte, langsame und kreisförmige Bewegung zu spüren.

Während das Licht kreist, beginnt es, dein Herzzentrum zu öffnen. Atme tief, und laß deine Brust sich ganz öffnen, um Raum für diese Lichtenergie zu schaffen.

Während du das tust, kannst du die Liebe und das Mitgefühl für das Wesen vor dir in deinem Herzen spüren. Die

Liebe und die Lichtenergie verbinden sich zu einer kraftvollen Heilenergie.

Während diese Heilenergie stärker und voller wird, bewegt sie sich zu deinen Schultern hinauf und die Arme hinunter, bis in deine Hände. Du spürst dann vielleicht ein Prickeln, Pulsieren oder sogar Wärme in deinen Händen und Fingern.

Jetzt hebe deine Hände, und halte sie mit den Handflächen einander zugewandt in einem Abstand von etwa 15 cm vor dir. Während Hände und Finger entspannt bleiben, bewegst du sie leicht aufeinander zu und wieder voneinander fort. Du wirst ein Gefühl der Energie zwischen ihnen spüren. Fast wie die leichte, ziehende Kraft eines Magneten.

Nun hebe die Arme und plaziere beide Hände mit den Handflächen nach unten etwa 90 cm über dem Körper der Person vor dir. Richte deine Aufmerksamkeit auf das Gebiet, das Heilung braucht. Sitzt der andere auf dem Stuhl, so kannst du eine Hand vor und die andere hinter den Körper halten.

Schließe wieder die Augen, und fühle, wie die Energie aus deinen Händen auf die Energie trifft, die von dem anderen Körper ausstrahlt.

Wenn die Person Schmerzen oder Beschwerden hat oder irgendeine Art von Infektion oder Entzündung, vermagst du dies in deinen Händen zu spüren. Um das Energiefeld der Person zu reinigen, bewege deine Hände vorsichtig in einer weitausholenden oder wischenden Gebärde über den Körper.

Sollten sie sich zu irgendeinem Zeitpunkt unangenehm oder schmerzhaft anfühlen, zieh sie zurück und schüttle sie vorsichtig aus. Plaziere sie dann etwa höher oder etwas weiter weg als vorher über dem Körper.

Geheilt zu werden ist in der Regel angenehm und tröstlich, aber sollten sich der Erwachsene, das Kind oder das Tier dabei aufregen oder Beschwerden verspüren, dann ziehe deine Hände zurück und halte sie ein paar Zentimeter weiter weg.

Warte geduldig, bis die Heilenergie zu fließen beginnt.

Du wirst vielleicht merken, daß deine Hände sich von allein zu senken beginnen und näherbewegen, während die Heilung empfangen wird. Vielleicht entdeckst du sogar, daß du deine Hände leicht auf dem Körper ruhen lassen kannst.

Schalte alle Gedanken aus, und atme leicht und sanft.

Richte deine Aufmerksamkeit ganz auf deine Hände, und laß die Heilenergie durch dich fließen.

Stelle dir den Empfänger der Energie ganz und gesund vor.

Spüre, wie Liebe und Energie von deinem Herzen durch Arme und Hände in den anderen fließen. Vertraue dem Prozeß der Heilung.

Verschmilz so tief mit der Heilenergie, die durch dich fließt, daß du jedes Zeitgefühl verlierst und ganz im Heilungsprozeß aufgehst (halte zwei oder drei Minuten inne).

Visualisiere den Empfänger der Heilenergie als völlig geheilt und strahlend vor Freude.

Am Ende der Heilung sprich ein kurzes Dankgebet, wie

etwa folgendes: Ich bin dankbar dafür, daß die Heilung jetzt geschieht. Ich glaube daran, daß sie auf sichtbare und unsichtbare Weise anhält und Gottes Wille dabei geschehen wird.

Ziehe deine Hände langsam zurück, schüttle sie aus, und wasche sie dann mit kaltem Wasser.

Hole für dich und die andere Person etwas Wasser zum Trinken. Es sollte Raumtemperatur haben. Laß den Erwachsenen, das Kind oder das Tier so lange ruhen, wie er oder es Lust hat.

Sobald der Erwachsene oder das Kind aufgestanden ist, möchte er oder es dir vielleicht erzählen, wie er oder es die Heilung erlebt hat. Erlaube immer, daß der Empfänger der Energie sich zuerst mitteilt, dann schilderst du kurz, was du gefühlt hast, solange du nur Positives berichtest. Nach einer Heilung ist der Empfänger der Energie noch sehr offen und verträgt nur kurzes und positives Feedback.

Handauflegen
(Mittelstufe)

Diese Meditation wird dich durch den gleichen Prozeß des Hand-auflegens führen wie die Grundform, doch sind nun auch Kopf und Füße und beide Körperseiten des zu Behandelnden mit ein-geschlossen. Frage deinen Partner, was für ein Symptom oder Körperteil Heilung braucht, damit du weißt, worauf du deine Aufmerksamkeit richten sollst, sobald du zu der betreffenden Stelle kommst. Bei der Heilung muß die Person sich hinlegen, am besten auf einen Massagetisch mit einer Gesichtsstütze. Jetzt ist es auch notwendig, daß du selbst als Heiler einen gründlicheren Öffnungsprozeß durchläufst und ein paar Minuten damit ver-bringst, alle sieben Chakren zu öffnen. Wähle mit deinem Partner die Farbe und das Heilsymbol aus, die du dir später in der Me-ditation vorstellen wirst (siehe »Heilung durch Farben«, Kapi-tel 1). Die ganze Übung dauert ungefähr dreißig Minuten.

Bist du der Patient, so lege dich mit dem Gesicht nach un-ten auf den Massagetisch. Atme tief durch, und entspanne dich. Ganz bewußt stellst du deine Absicht darauf ein, dich zu öffnen und für die Heilung empfänglich zu sein, die du erhalten sollst.

Bist du der Heiler, so lege ein Kissen unter die Knöchel deines Partners.

Vergewissere dich, daß du weißt, welches Symptom und welcher Körperteil Heilung braucht.

Stell einen Stuhl an das Kopfende des Massagetisches, und setze dich. Die folgenden Anweisungen gelten nur für den Heiler:

Schließe die Augen, atme einmal tief und lang ein und aus, und entspanne dich. Erlaube deinem Verstand, zur Ruhe zu kommen, während du von zehn bis null zählst: zehn, neun, acht, sieben, sechs, fünf, vier, drei, zwei, eins, null.

Werde dir des Lichts der Schöpfung bewußt, das ständig auf dich herabfließt, um dich fließt und durch dich hindurch. Atme.

Sieh und fühle, wie dieses Licht und diese Energie an der Vorderseite und an der Rückseite deines Körpers zu deinen Chakren ein und aus strömen, als atmete er diese Energie ein und aus.

Spüre ein sanftes Abwärtsfließen in deinem Rückgrat, hinunter bis in deine Beine und Füße. Fühle, wie die Energie in deinen Füßen sich mit der Erde verbindet, hinab bis ins Zentrum der Erdhitze, und fühle, wie sie zurückströmt durch deine Füße und Beine und dir ein Gefühl von Erdung und Stabilität verleiht.

Spüre, wie sich diese Lichtenergie zart deine Beine hinaufbewegt bis zum ersten Chakra an der Basis deines Rückgrats und die Energie dort in einer spiralförmigen Bewegung zart öffnet.

Spüre, wie sie in einer spiralförmigen Bewegung weiter hochsteigt zu deinem zweiten Chakra.

Und zu deinem dritten Chakra.

Und in dein Herzchakra, das Zentrum von Liebe und Mitgefühl. Spüre, wie dieses Licht und diese Energie in einer kreisförmigen Bewegung sanft deine Brust und dein Herz öffnen. Atme!

Spüre, wie dieses Gefühl von Liebe und Mitgefühl Herz und Brust erfüllt, zu deinen Schultern hochsteigt und hinab in Arme und Hände. Nimm wahr, wie diese Energie in einer kreisförmigen Bewegung sich durch die Handflächen bis in die Fingerspitzen bewegt.

Jetzt spüre, wie die Lichtenergie aufsteigt zu deinem Kehlchakra.

Und in dein drittes Auge.

Und bis zum Kronenchakra, deinem Zentrum geistigen Bewußtseins.

Jetzt sind alle deine Chakren offen und von leicht fließender Lichtenergie erfüllt.

Richte deine Aufmerksamkeit wieder auf dein Herzchakra, und spüre, wie die Lichtenergie sanft in dein Zentrum von Liebe und Mitgefühl fließt und weiter durch deine Arme und in deine Hände.

Nun hebe die Arme bis in Brusthöhe, und halte die Hände mit den Handflächen nach innen etwa 25–30 cm voneinander entfernt. Spüre die Energie zwischen deinen beiden Handflächen. Atme!

Bewege deine Hände langsam vor und zurück, und spüre, wie sie sich mit Energie und Wärme füllen. Dies ist die Energie der Liebe, der Schöpfung, der Heilung. Spüre, wie sie dich durchfließt.

Der Heiler sagt leise: Bei diesem Heilungsprozeß bitten wir, daß unser Ego ausgeschaltet wird, unser Verstand zur Ruhe kommt und unsere Hände die Verlängerung unseres

Herzens sind, unserer Liebe und des göttlichen Lichts, das durch jeden von uns fließt.

Wir bitten, daß uns durch diese Heilung die Gegenwart Gottes in uns bewußt wird, und wir bitten die Kraft dieser Liebe, unser Herz, unseren Körper und unser Leben zu heilen.

Jetzt steh auf, und schiebe den Stuhl zur Seite.

Du stehst beim Kopf deines Partners und hebst ganz langsam deine Hände und hältst sie so hoch wie möglich über ihn. Laß alle Gedanken fallen, fühle nur, und senke deine Hände langsam, bis du die Energie vom Kopf deines Partners wahrnimmst. Sobald das geschieht, halte inne.

Ist die Energie angenehm, laß deine Hände in dieser Position.

Lenke deine Aufmerksamkeit auf den Fluß an Heilenergie und Liebe, der aus deinen Händen strahlt. Ist die Energie unangenehm, hebe die Hände ein wenig und zieh vorsichtig mit den Händen. Du ziehst alle Energie aus dem Kopf deines Partners, die freigelassen werden sollte.

Jetzt nimm die Hände zurück, schüttle sie vorsichtig von dir weg, und reibe sie aneinander. Geh zu der Stelle am Körper deines Partners, die Heilung braucht. Halte deine Hände so hoch wie möglich darüber, und schließe die Augen.

Senke langsam die Hände, bis du die Energie vom Körper des Partners wahrnimmst. Laß deine Hände in dieser Position, wobei du spürst, wie die Heilenergie aus deinem Herzen und deinen Händen fließt.

Laß alle Gedanken fallen, und reagiere intuitiv mit deinen

Händen. Wenn der Körper deines Partners Energie freisetzt, ziehe sie mit deinen Händen hoch. Andernfalls fühle den Fluß der Heilenergie aus deinen Händen, der sich hinab in den Körper deines Partners bewegt.

Du kannst deine Hände in vollem Körperkontakt auf deinen Partner legen, wenn dir dies angemessen erscheint, oder du kannst die Hände weiter über dem Körper halten, wenn du das lieber möchtest.

Atme. Vertraue dem Heilungsprozeß (pausiere eine Minute).

Laß alle Gedanken sein, und fühle nur den Fluß der Heilung.

Jetzt visualisiere das Heilsymbol und die Farbe, die ihr ausgewählt habt. Auch der Partner kann jetzt dieses Symbol und die Farbe visualisieren.

Der Heiler sollte leise sagen: Wir nehmen die Heilung an, die jetzt geschieht. Wir nehmen die Heilung an, die jetzt geschieht. Wir nehmen die Heilung an, die jetzt geschieht. Deine ganze Aufmerksamkeit gilt deinen Händen. Atme!

Du, der du die Heilung empfängst, vertraue dem Heilprozeß, und nimm diese Liebe und Heilung einfach an.

Fühle die Heilung tiefer und tiefer, leicht, sanft, fließend.

Du, Heiler, nimmst deine Hände langsam zurück, schüttelst sie sanft von dir weg und reibst sie aneinander.

Geh nun zu den Füßen deines Partners.

Dann stehst du am Fußende des Massagetisches und hebst beide Hände so hoch wie möglich über die Füße. Langsam laß sie wieder sinken, bis sie kurz über ihnen verharren oder leicht auf ihnen liegen.

Laß alle Gedanken fallen, und spüre den Fluß der Heilenergie, die den ganzen Körper deines Partners ausbalanciert.

Stell dir vor, wie die Heilenergien durch den ganzen Körper bis in die Füße fließen und Stabilität und Erdung schaffen.

Visualisiere den ganzen Körper vollkommen ganz und geheilt.

Die Person, die die Heilung bekommt, kann sich jetzt langsam auf den Rücken drehen. Entferne die Gesichtsstütze, und lege ein Kissen unter den Nacken oder die Knie, wenn das gewünscht wird.

Frage, ob sie es bequem hat.

Der Heiler sollte jetzt zum Kopfende des Tisches gehen, sich mit geschlossenen Augen hinstellen, entspannen und atmen.

Hebe langsam und zart deine Hände, und halte sie so hoch wie möglich über das Gesicht deines Partners. Laß alle Gedanken fallen, und fühle nur. Laß zu, daß deine Hände langsam tiefer sinken, bis du die Energie vom Gesicht deines Partners spürst.

Laß deine Hände in dieser Position.

Ist die Energie angenehm, bewege die Hände nicht. Lenke deine Aufmerksamkeit auf den Fluß der Heilenergie und Liebe, der aus deinen Händen kommt.

Ist die Energie unangenehm, hebe die Hände etwas und zieh vorsichtig mit ihnen die ganze Energie aus dem Gesicht deines Partners, die freigesetzt werden muß.

Dann nimm die Hände weg, schüttle sie sanft von dir weg aus, und reibe sie gegeneinander.

Geh zur Körperstelle deines Partners, die Heilung braucht. Halte die Hände so hoch wie möglich darüber.

Schließe die Augen, und senke langsam die Hände, bis du die Körperenergie deines Partners spürst. Halte die Hände in dieser Position, und fühle, wie die Heilenergie aus deinem Herzen und deinen Händen fließt.

Laß alle Gedanken fallen, und reagiere mit deinen Händen intuitiv. Wenn der Körper deines Partners Energie freisetzt, ziehe sie mit deinen Händen hoch. Andernfalls fühle den Fluß der Heilenergie aus deinen Händen, der sich hinab in den Körper deines Partners bewegt.

Du kannst deine Hände in vollem Körperkontakt auf deinen Partner legen, wenn dir dies angemessen erscheint, oder du kannst die Hände weiter über dem Körper halten, falls du das lieber möchtest.

Atme. Vertraue dem Heilungsprozeß.

Laß alle Gedanken sein, und fühle nur den Fluß der Heilung.

Jetzt visualisiere das Heilsymbol und die Farbe, die ihr ausgewählt habt.

Auch der Partner kann jetzt dieses Symbol und die Farbe visualisieren.

Deine ganze Aufmerksamkeit gilt deinen Händen. Atme!

Du, der du die Heilung empfängst, vertraue dem Heilprozeß, und nimm diese Liebe und Heilung einfach an.

Fühle die Heilung tiefer und tiefer, leicht, sanft, fließend.

Du, als Heiler, nimmst deine Hände langsam zurück, schüttelst sie sanft aus und reibst sie aneinander.

Geh nun zu den Füßen deines Partners. Dann stehst du am

Fußende des Massagetischs und hebst beide Hände so hoch wie möglich über die Füße.

Langsam laß sie wieder sinken, bis sie kurz über ihnen verharren oder leicht auf ihnen liegen. Laß alle Gedanken fallen, und spüre den Fluß der Heilenergie, die den ganzen Körper deines Partners ausbalanciert. Visualisiere den ganzen Körper als vollkommen ganz und geheilt.

Deine ganze Aufmerksamkeit gilt deinen Händen. Atme!

Du, der du die Heilung empfängst, vertraue dem Heilprozeß, und nimm diese Liebe und Heilung einfach an.

Fühle die Heilung tiefer und tiefer, leicht, sanft und fließend.

In dem Wissen, daß diese Heilenergie auf sichtbare und unsichtbare Weise weiterfließt, und in dem Vertrauen, daß der Heilprozeß andauert, nimmst du zart die Hände vom Körper des Partners. Tritt vom Massagetisch zurück, hole tief Luft, schüttle sanft die Hände aus und reibe sie aneinander.

Der Heiler sollte leise sagen: Wir sind dankbar, daß die Heilung jetzt stattfindet.

Während dein Partner sich ausruht, wäschst du deine Hände mit kaltem Wasser. Dann holst du für deinen Partner und dich ein Glas mit Wasser, das Zimmertemperatur haben sollte. Wenn dein Partner soweit ist, hilf ihm, sich aufzusetzen, und sprecht über die Heilung. Der Partner sollte zuerst berichten. Was der Heiler sagt, sollte positiv sein und sich auf ein Minimum beschränken. Denn die Person, die die Heilung erhalten hat, ist in einem sehr offenen und empfänglichen Zustand.

Ermuntere die Person, die gerade die Heilung empfangen hat, sich für den Rest des Tages auszuruhen, gut zu essen und sich nicht zu übernehmen. Schlage vor, daß sie auf jedes kleinste Empfinden im Körper und auf jede Veränderung achtet. Manchmal braucht eine Heilung ein paar Stunden oder sogar einen ganzen Tag, um voll zu wirken.

Handauflegen
(Fortgeschrittene Stufe)

Diese Meditation gleicht der Mittelstufe, allerdings sind diesmal auch die Chakren und die entsprechenden Körperstellen des Patienten mit einbezogen. Deshalb ist es wichtig, daß du dich selbst mit den Chakren vertraut gemacht hast (siehe Kapitel 1) und Grund- und Mittelstufe des Handauflegens kennst, ehe du die fortgeschrittene Stufe durchführst. Frage deinen Partner, was für ein Symptom oder Körperteil Heilung braucht, damit du weißt, worauf du deine Aufmerksamkeit richten mußt, sobald du diesen Punkt erreichst. Bei der Meditation soll die Person liegen, am besten auf einem Massagetisch mit einer Gesichtsstütze. Es ist auch notwendig, daß der Heiler vorher einen eigenen Öffnungsprozeß durchmacht und während ein paar Minuten alle sieben Chakren öffnet. Wähle mit deinem Partner Farbe und Heilsymbol, das du dir später in der Meditation vorstellen wirst (siehe »Heilung durch Farben«, Kapitel 1). Diese Übung wird ungefähr fünfundvierzig Minuten dauern.

Der Partner legt sich mit dem Gesicht nach unten auf den Massagetisch: Atme tief durch, und entspanne dich. Ganz bewußt stellst du deine Absicht darauf ein, dich zu öffnen und für die Heilung empfänglich zu sein, die du erhalten sollst.

Bist du der Heiler, so lege ein Kissen unter die Knöchel des Partners.

Stell einen Stuhl an das Kopfende des Massagetisches, und setze dich. Die folgenden Anweisungen gelten nur für den Heiler:

Schließe die Augen, atme einmal tief und lang ein und aus und entspanne dich. Laß deinen Verstand zur Ruhe kommen, während du von zehn bis null zählst: zehn, neun, acht, sieben, sechs, fünf, vier, drei, zwei, eins, null.

Beginn mit einem einfachen Gebet, das zu deinen geistigen Überzeugungen paßt, wie etwa: Ich bitte darum, daß mein Ego sich zurückzieht und diese Heilung zum Besten des Menschen ist, der sie empfängt. Ich bitte, daß Gottes heilende Liebe und Macht anwesend sind.

Werde dir des Lichts der Schöpfung bewußt, das ständig auf dich herabfließt, um dich fließt und durch dich hindurch ... Atme!

Sieh und fühle, wie dieses Licht und diese Energie an der Vorderseite und an der Rückseite deines Körpers zu deinen Chakren ein und aus strömen, als atmete er diese Energie ein und aus.

Spüre ein sanftes Abwärtsfließen in deinem Rückgrat, hinunter bis in deine Beine und Füße.

Fühle, wie die Energie in deinen Füßen sich mit der Erde verbindet, hinab bis ins Zentrum der Erdhitze; fühle, wie sie zurückströmt durch deine Füße und Beine und dir ein Gefühl von Erdung und Stabilität verleiht.

Spüre, wie sich diese Lichtenergie zart deine Beine hinaufbewegt bis zum ersten Chakra an der Basis deines Rückgrats und die Energie dort in einer spiralförmigen Bewegung zart öffnet.

Spüre, wie sie in einer spiralförmigen Bewegung weiter hochsteigt zu deinem zweiten Chakra.

Und zu deinem dritten Chakra.

Und in dein Herzchakra, das Zentrum von Liebe und Mitgefühl. Spüre, wie dieses Licht und diese Energie in einer kreisförmigen Bewegung sanft deine Brust und dein Herz öffnen. Atme!

Spüre, wie dieses Gefühl von Liebe und Mitgefühl Herz und Brust erfüllt und zu deinen Schultern hochsteigt und hinab in Arme und Hände. Während sich deine Hände mit Energie füllen, nimm wahr, wie sie in einer kreisförmigen Bewegung sich durch die Handflächen bis in die Fingerspitzen bewegt.

Jetzt spüre, wie die Lichtenergie aufsteigt zu deinem Kehlchakra.

Und in dein drittes Auge.

Und bis zum Kronenchakra, deinem Zentrum des geistigen Bewußtseins.

Jetzt sind alle deine Chakren offen und von leicht fließender Lichtenergie erfüllt. Lenke deine Aufmerksamkeit wieder auf das Herzchakra, und spüre, wie die Lichtenergie sanft in dein Zentrum von Liebe und Mitgefühl fließt und weiter durch deine Arme und in deine Hände.

Nun hebe die Arme bis in Brusthöhe, und halte die Hände mit den Handflächen nach innen etwa 25–30 cm voneinander entfernt. Spüre die Energie zwischen deinen beiden Handflächen. Atme!

Bewege deine Hände langsam vor und zurück, spüre, wie sie sich mit Energie und Wärme füllen. Dies ist die Energie der Liebe, der Schöpfung, der Heilung. Spüre, wie sie dich durchfließt.

Der Heiler sollte im stillen sagen: Ich bitte, daß bei diesem Heilungsprozeß mein Ego ausgeschaltet wird, mein Verstand ruhig ist und meine Hände die Verlängerung meines Herzens, meiner Liebe und des göttlichen Lichts sind, das durch mich fließt.

Der Heiler sollte leise sagen: Wir bitten, daß uns durch diese Heilung die Gegenwart Gottes in uns bewußt wird, und wir bitten die Kraft dieser Liebe, unser Herz, unseren Körper und unser Leben zu heilen.

Jetzt steh auf, und schiebe den Stuhl zur Seite.

Du stehst beim Kopf deines Partners und hebst ganz langsam deine Hände und hältst sie so hoch wie möglich über ihn. Laß alle Gedanken fallen, fühle nur, und senke deine Hände, langsam, bis du die Energie vom Kopf deines Partners wahrnimmst. Sobald das geschieht, halte inne.

Ist die Energie angenehm, laß deine Hände in dieser Position.

Lenke deine Aufmerksamkeit auf den Fluß an Heilenergie und Liebe, der aus deinen Händen strahlt. Ist die Energie unangenehm, hebe die Hände ein wenig und zieh vorsichtig mit den Händen.

Du ziehst alle Energie aus dem Kopf deines Partners, die freigelassen werden sollte.

Jetzt stell dich auf die linke Seite des Patienten. Plaziere die linke Hand über dem Kronenchakra und die andere über dem Nacken. Die Hände sollten so weit wie möglich vom Körper entfernt sein. Ganz langsam und vorsichtig senkst du die Hände, bis du die Energie spüren kannst, die der Körper ausstrahlt.

Wenn es dir angebracht erscheint, kannst du die Hände weiter senken. Laß alles Denken sein, und fühle nur.

Jetzt hebe die Hände, und ziehe sie zurück. Schüttle sie aus, und reibe sie aneinander.

Plaziere deine linke Hand über dem Nackenansatz, wo er in die Schultern übergeht, und deine rechte über der Basis des Rückgrats, dort, wo das Steißbein ist. Deine Hände sollten so weit wie möglich vom Körper entfernt sein. Ganz langsam und vorsichtig senkst du die Hände, bis du die Energie spüren kannst, die der Körper ausstrahlt.

Wenn es dir angebracht erscheint, kannst du die Hände weiter senken. Laß alles Denken sein, und fühle nur.

Atme. Vertraue dem Heilungsprozeß.

Laß alles Denken, und spüre nur den Fluß der Heilung.

Jetzt hebe die Hände, und ziehe sie zurück. Schüttle sie aus, und reibe sie aneinander.

Plaziere deine linke Hand über den oberen Rücken, wo das Herzchakra liegt, und die rechte über dem Kreuzbein, wo das zweite Chakra liegt. Deine Hände sollten so weit wie möglich vom Körper entfernt sein. Ganz langsam und vorsichtig senkst du die Hände, bis du die Energie spüren kannst, die der Körper ausstrahlt.

Erscheint es dir angebracht, so kannst du die Hände weiter senken. Laß alles Denken sein, und fühle nur.

Jetzt hebe die Hände, und ziehe sie zurück. Schüttle sie aus, und reibe sie aneinander.

Plaziere beide Hände nebeneinander über der Rückenmitte deines Patienten, wo das dritte Chakra liegt. Deine Hände sollten so weit wie möglich vom Körper entfernt sein. Ganz langsam und vorsichtig senkst du die Hände, bis du die Energie spüren kannst, die der Körper ausstrahlt.

Erscheint es dir angebracht, kannst du die Hände weiter senken. Laß alles Denken sein, und fühle nur.

Jetzt hebe die Hände, und ziehe sie zurück. Schüttle sie aus, und reibe sie aneinander.

Plaziere deine linke Hand über die linke Kniekehle und die rechte unter den linken Fuß. Deine Hände sollten so weit wie möglich vom Körper entfernt sein. Ganz langsam und vorsichtig senkst du die Hände, bis du die Energie spüren kannst, die der Körper ausstrahlt.

Erscheint es dir angebracht, so kannst du die Hände weiter senken. Laß alles Denken sein, und fühle nur.

Atme. Vertraue dem Heilungsprozeß.

Laß alles Denken, und spüre nur den Fluß der Heilung.

Jetzt hebe die Hände, und ziehe sie zurück. Schüttle sie aus, und reibe sie aneinander.

Geh zur anderen Seite des Massagetisches, und plaziere deine rechte Hand über der rechten Kniekehle und die linke Hand unter dem rechten Fuß. Deine Hände sollten so weit wie möglich vom Körper entfernt sein. Ganz langsam und vorsichtig senkst du die Hände, bis du die Energie spüren kannst, die der Körper ausstrahlt.

Erscheint es dir angebracht, so kannst du die Hände weiter senken. Laß alles Denken sein, und fühle nur.

Jetzt hebe die Hände, und ziehe sie zurück. Schüttle sie von dir weg aus, und reibe sie aneinander.

An diesem Punkt bitte den Patienten mit leiser Stimme, sich umzudrehen, so daß sein Hinterkopf auf dem Tisch ruht. Nimm die Gesichtsstütze weg.

Leg ein Kissen unter den Nacken und unter die Knie des Patienten, und frage ihn, ob es ihm so angenehm ist.

Jetzt stelle dich an den Kopf des Patienten, atme tief durch, und schließe die Augen. Spüre wieder, wie du geerdet wirst und dich wohlfühlst. Knicke deine Knie etwas ein, und entspanne die Schultern.

Plaziere deine Hände nebeneinander über dem Gesicht des Patienten. Deine Hände sollten so weit wie möglich von ihm weg sein. Sehr langsam und vorsichtig senkst du deine Hände, bis du die Energie fühlen kannst, die der Körper ausstrahlt.

Erscheint es dir angebracht, so kannst du die Hände weiter senken. Paß auf, daß sie mindestens 2,5 cm von den Augen entfernt sind.

Laß alles Denken sein, und fühle nur.

Atme. Vertraue dem Heilungsprozeß.

Laß das Denken, und fühle nur den Fluß der Heilung.

Nun hebe die Hände, und ziehe sie zurück. Schüttle sie aus, und reibe sie aneinander.

Geh zur rechten Seite des Patienten. Plaziere deine linke Hand über dem Scheitel des Kopfes und die rechte über dem dritten Auge.

Deine Hände sollten so weit wie möglich vom Körper entfernt sein. Sehr langsam und vorsichtig senkst du deine Hände, bis du die Energie spüren kannst, die der Körper ausstrahlt.

Erscheint es dir angebracht, so kannst du die Hände weiter senken. Laß alles Denken sein, und fühle nur.

Nun hebe die Hände, und ziehe sie zurück. Schüttle sie aus, und reibe sie aneinander.

Plaziere deine rechte Hand über der Kehle, während du die linke über dem Scheitel läßt. Deine Hände sollten so weit wie möglich vom Körper entfernt sein. Ganz langsam und vorsichtig senkst du deine Hände, bis du die Energie spüren kannst, die der Körper ausstrahlt.

Erscheint es dir angebracht, so kannst du die Hände weiter senken. Vergiß nicht, daß deine rechte Hand mindestens 2,5 cm von der Kehle entfernt sein sollte. Laß alles Denken sein, und fühle nur.

Jetzt hebe die Hände, und ziehe sie zurück. Schüttle sie aus, und reibe sie aneinander.

Plaziere beide Hände über der Brustmitte, wo das Herzchakra liegt. Deine Hände sollten so weit wie möglich vom Körper entfernt sein. Ganz langsam und vorsichtig senkst du die Hände, bis du die Energie spürst, die der Körper ausstrahlt.

Erscheint es dir angebracht, so kannst du die Hände weiter senken. Laß alles Denken sein, und fühle nur.

Atme. Vertraue dem Heilungsprozeß.

Laß alles Denken, und fühle nur den Fluß der Heilung.

Jetzt hebe die Hände, und ziehe sie zurück. Schüttle sie aus, und reibe sie aneinander.

Plaziere beide Hände über dem Solarplexus, dem Ort des Chakras des Willens. Deine Hände sollten so weit wie möglich vom Körper entfernt sein. Sehr langsam und vorsichtig senkst du die Hände, bis du die Energie spürst, die der Körper ausstrahlt.

Erscheint es dir angebracht, so kannst du die Hände weiter senken. Laß alles Denken sein, und fühle nur.

Jetzt hebe die Hände, und ziehe sie zurück. Schüttle sie aus, und reibe sie aneinander.

Plaziere deine Hände über dem Becken, dem Ort des zweiten Chakras. Deine Hände sollten so weit wie möglich vom Körper entfernt sein. Sehr langsam und vorsichtig senkst du die Hände, bis du die Energie spürst, die der Körper ausstrahlt.

Erscheint es dir angebracht, kannst du die Hände weiter senken, bis sie sich etwa 5 cm über dem Becken befinden. Lasse sie dort.

Laß alles Denken sein, und fühle nur.

Jetzt hebe deine Hände, und ziehe sie zurück. Schüttle sie aus, und reibe sie aneinander.

Plaziere beide Hände über dem ersten Chakra, gerade über dem Schambein. Deine Hände sind so weit wie möglich vom Körper entfernt. Sehr langsam und vorsichtig senkst du die Hände, bis du die Energie spüren kannst, die der Körper ausstrahlt.

Erscheint es dir angebracht, so kannst du die Hände weiter senken, bis sie etwa 5 cm vom Körper entfernt sind.

Laß alles Denken sein, und fühle nur.

Atme. Vertraue dem Heilungsprozeß.

Laß alles Denken, und fühle nur den Fluß der Heilung.

Jetzt hebe die Hände, und ziehe sie zurück. Schüttle sie aus, und reibe sie aneinander.

Plaziere deine linke Hand über dem rechten Knie und deine rechte unter dem rechten Fuß. Deine Hände sollten so weit wie möglich vom Körper entfernt sein. Ganz langsam und vorsichtig senkst du deine Hände, bis du die Energie spüren kannst, die der Körper ausstrahlt.

Erscheint es dir angebracht, so kannst du die Hände weiter senken. Laß alles Denken sein, und fühle nur.

Geh zur anderen Seite des Massagetisches, und plaziere deine rechte Hand über dem linken Knie und deine linke unter dem linken Fuß. Deine Hände sollten so weit wie möglich vom Körper entfernt sein. Ganz langsam und vorsichtig senkst du die Hände, bis du die Energie spüren kannst, die der Körper ausstrahlt.

Erscheint es dir angebracht, so kannst du die Hände weiter senken. Laß alles Denken sein, und fühle nur.

Jetzt hebe die Hände, und ziehe sie zurück. Schüttle sie von dir weg aus, und reibe sie aneinander.

Stell dich an das Tischende, und plaziere eine Hand über jede Fußspitze. Deine Hände sollten so weit wie möglich vom Körper entfernt sein. Sehr langsam und vorsichtig senkst du die Hände, bis du die Energie spürst, welche die Füße ausstrahlen.

Erscheint es dir angebracht, so kannst du die Hände weiter senken. Laß alles Denken sein, und fühle nur.

Jetzt visualisiere das Heilsymbol und die Farbe, die dein Partner und du ausgewählt habt.

Der Heiler sagt leise: Jetzt visualisiere dein Heilsymbol und deine Farbe.

Und fügt hinzu: Wir nehmen die Heilung an, die jetzt geschieht. Wir nehmen die Heilung an, die jetzt geschieht. Wir nehmen die Heilung an, die jetzt geschieht.

Richte deine Aufmerksamkeit auf deine Hände. Atme!

Der Heiler sagt leise: Vertraue dem Heilungsprozeß, und empfange einfach diese Liebe und Heilung.

Fühle die Heilung tiefer und tiefer, leicht, sanft, fließend.

Stell dir vor, wie die Heilenergien durch den Körper in die Füße fließen und große Stabilität und Erdung im Körper des Partners schaffen.

Visualisiere den ganzen Körper als vollkommen ganz und geheilt.

In dem Wissen, daß diese Heilenergie auf sichtbare und unsichtbare Weise weiterfließt, und in dem Vertrauen, daß der Heilprozeß andauert, nimmst du zart die Hände von den Füßen.

Tritt vom Massagetisch zurück, und hole tief Luft. Schüttle vorsichtig die Hände aus, und reibe sie aneinander.

Der Heiler sagt laut: Wir sind dankbar, daß die Heilung jetzt stattfindet.

Während dein Partner sich ausruht, wäschst du deine Hände mit kaltem Wasser. Dann holst du für deinen Partner und dich ein Glas mit Wasser, das Zimmertemperatur haben sollte. Wenn dein Partner soweit ist, hilf ihm, sich aufzusetzen, und sprecht über die Heilung. Der Partner sollte zuerst berichten. Was der Heiler sagt, sollte positiv sein und sich auf ein Minimum beschränken. Denn die Person, welche die Heilung erhalten hat, ist in einem sehr offenen und aufnahmefähigen Zustand.

Ermuntere die Person, die gerade die Heilung empfangen

hat, sich auszuruhen, gut zu essen und sich für den Rest des Tages nicht zu übernehmen. Schlage vor, daß sie auf jede kleinste Empfindung im Körper und auf jede Veränderung achtet. Manchmal braucht eine Heilung ein paar Stunden oder sogar einen Tag, um voll zu wirken.

Fernheilung

Diese Meditation wird dir helfen, auf Entfernung zu heilen. Die Person kann ein körperliches Leiden haben oder eine emotionale, mentale oder geistige Krankheit. Wenn es dir bei der Visualisation hilft, kannst du ein Foto des Betroffenen oder einen Gegenstand in der Hand halten, der ihm gehört. Am besten machst du eine Fernheilung vor deinem Meditationsaltar oder in einem Zimmer ab, in dem du eine Kerze anzünden kannst und ungestört bist. Nach der Meditation wickle den benutzten Gegenstand oder das Foto sorgfältig ein, und lege es in eine Schachtel oder in einen Umschlag.

Nimm eine bequeme Position ein, entweder im Sitzen oder im Liegen. Die Arme sind nicht gekreuzt, deine Beine nicht übereinandergeschlagen. Atme lang und tief ein und langsam wieder aus. Laß deine Atmung voll, tief und entspannt werden.

Während du von zehn bis null zählst, kommt dein Verstand zur Ruhe, und du wirst empfänglicher für die Weisheit deiner Seele und ihrer Heilkraft: zehn, neun, acht, sieben, sechs, fünf, vier, drei, zwei, eins, null. Jetzt bist du ganz tief entspannt.

Richte deine Aufmerksamkeit auf einen Punkt weit über deinem Kopf, hoch oben im Himmel, und verbinde dich mit einem stark strahlenden, kräftigen weißen Licht, das in einem Strom von Energie auf dich herabkommt.

Erlaube diesem weißen Licht, um dich zu fließen und mit jedem Atemzug in deine Lungen und durch deinen ganzen Körper zu strömen.

Nun lenke deine Aufmerksamkeit auf dein Herz, das Zentrum von Liebe und Mitgefühl in deiner Brust. Stell dir vor, wie das weiße Licht in einer kreisförmigen Bewegung sanft in dein Herzzentrum fließt und seine Energie öffnet.

Während dein Herz sich mit Liebe und Mitgefühl füllt, spüre die Kraft dieser Energie in der Mitte deiner Brust.

Jetzt stell dir vor, wie die Person, die Heilung braucht, vor dir sitzt oder steht. Du kannst dazu ein Foto verwenden oder dir die Person im Geist vorstellen oder im stillen ihren Namen wiederholen.

Atme. Spüre die Gegenwart dieser Person vor dir, und laß das weiße Licht in einem sanften Strom heilender Liebe aus deinem Herzen fließen und hinüber in das Herz des anderen wechseln.

Lenke deine Aufmerksamkeit auf das Herz des anderen, und stell dir vor, wie es sich mit heilender Liebe und Licht füllt.

Nimm die Veränderung in Gesicht und Körper des anderen wahr, während er beginnt, das heilende Licht und die Liebe zuzulassen.

Das Gesicht kann weicher werden, der Körper kann sich entspannen. Sieh in die Augen des anderen.

Stell dir vor, wie Liebe und Licht, die jetzt im seinem Herzen sind, in alle Teile des Körpers fließen.

Stell dir vor, wie dieses Licht und diese Liebe sich in seinem Körper verteilen, ihn reinigen und heilen.

Falls es eine Körperstelle gibt, die Heilung besonders braucht, lenke deine Aufmerksamkeit jetzt dorthin.

Braucht der Geist des anderen Heilung, stelle dir das Licht in seinem Kopf vor.

Sind es die Gefühle, stelle es dir im Herzen vor.

Ist es der Körper, lenke deine Aufmerksamkeit auf das körperliche Leiden.

Sieh, wie Heilenergie und Liebe diese Körperzone umgeben und durchdringen und sanft heilsame Veränderungen bewirken.

Sendest du Heilung an eine Körperstelle, stell dir vor, wie die Heilung im Gewebe, im Knochen und Blut geschieht, wie es notwendig und richtig ist.

Atme. Stell dir die Person vor, wie sie von Licht und Liebe, neuem Leben und starker Energie erfüllt ist.

Stell dir vor, wie die Person all das tut, was sie gern tut und was sie schon immer hatte tun wollen.

Zähle bis drei, und stell dir die Person völlig gesund, geheilt und ganz vor: eins – zwei – drei. Atme.

Sieh diese Person, wie sie im Innern mit Licht und Liebe gefüllt ist und bis zu einem Meter im Umkreis von Licht und Liebe umgeben wird.

In dem Wissen, daß diese Heilung und dieser Schutz auf sichtbare und unsichtbare Weise andauern werden, danke Gott für die Gelegenheit, Heilung aussenden zu dürfen.

Laß alle Erwartungen und Hoffnungen, die du bezüglich der Heilung hast, los, und bitte nur, daß Gottes Wille geschehen möge.

Laß das Bild der Person und das weiße Licht zwischen euren beiden Herzen sanft los in dem Bewußtsein, daß du die Heilung jederzeit wiederholen kannst.

Nachdem du bis zehn gezählt hast, öffne die Augen: eins, zwei, drei, vier, fünf, sechs, sieben, acht, neun, zehn.

Falls du ein Foto der Person oder einen Gegenstand von ihr gehalten hast, leg ihn jetzt weg. Wasche dir mit kaltem Wasser die Hände.

Die Weltseele heilen

Diese letzte Meditation gibt dir Gelegenheit, an der Heilung der anima mundi, *der Weltseele, teilzunehmen. In vieler Hinsicht gleichen Menschen Bäumen, mit einem Stamm, ihrem Körper, und Zweigen, ihren Armen und Beinen. Wir haben auch Energiewurzeln, die bis hinunter in die Erde reichen, und Rinde, die uns schützt. Das Symbol für ewige Heilung ist der Baum des Lebens, den wir in der Genesis finden und auch in der Literatur anderer Religionen. Dieses Symbol weist uns eine Möglichkeit, wie wir uns zur Heilung allen Lebens aktiv zusammenschließen können. Wenn du möchtest, kannst du dich im Freien hinsetzen, mit den nackten Füßen auf der Erde.*

Nimm eine bequeme Position ein. Die Füße ruhen flach auf der Erde oder dem Boden, die Arme sind nicht gekreuzt, die Beine nicht übereinandergeschlagen. Schließe deine Augen. Atme lang und tief ein und langsam wieder aus. Laß deine Atmung voll, tief und entspannt werden.

Während du von zehn bis null zählst, kommt dein Verstand zur Ruhe, und du wirst empfänglicher für die Weisheit deiner Seele und ihrer Heilkraft: zehn, neun, acht, sieben, sechs, fünf, vier, drei, zwei, eins, null. Jetzt bist du ganz tief entspannt.

Richte deine Aufmerksamkeit tief innen auf dein Herz, dein Zentrum von Liebe und Mitgefühl, und verbinde dich mit dem strahlenden, kraftvollen weißen Licht in dir.

Spüre die sanfte Kraft dieses Lichts, während es in deinem Brustzentrum scheint.

Dies ist das Licht der Schöpfung, der Lichtsamen, den der Schöpfer in dich eingepflanzt hat.

Stell dir vor, wie dieses weiße Licht sich in einer kreisenden Bewegung sanft in deinem Herzzentrum dreht und seine Energie öffnet.

Laß dieses weiße Licht wachsen, und mit jedem Atemzug in deine Lungen und durch deinen ganzen Körper fließen.

Stell dir vor, wie dieses Licht durch deinen Körper fließt wie der Saft durch einen Baum.

Spüre, wie es durch deinen Körper auf und ab strömt, den Stamm.

Spüre, wie es durch die Zweige fließt, deine Arme und Beine.

Stell dich verwurzelt in der Erde vor, während sich diese Lichtenergie hinunter in deine Wurzeln ergießt. Spüre, wie deine Wurzeln sich tief in die Erde ausbreiten und dir ein Gefühl der Erdung und Sicherheit geben.

Spüre, wie die weiße Lichtenergie im Kreis um dich fließt, eine nährende und schützende Rinde.

Spüre, wie sie zu deinen Händen ausfließt, wenn deine Arme ausgestreckt sind.

Stell dir vor, wie du durch den Scheitel deines Kopfes zum Himmel hinaufreichst und das Licht in deinem Kopf sich öffnet, um sich mit dem Licht der ganzen Schöpfung zu verbinden.

Spüre es ganz deutlich. Atme!

Während dieses große Licht wächst und sich ausdehnt,

stell dir vor, wie dein Licht ausstrahlt und jeden und alles um dich her berührt.

Sieh, wie es die Menschen berührt, die du liebst, dein Zuhause, deine Umgebung, deine Stadt.

Stell dir vor, du seist ein riesiger Baum des Lebens und breitest deine Zweige aus Licht und Liebe aus, bis sie jeden und alles in einem Umkreis von Hunderten von Kilometern berühren.

Spüre, wie du selbst im Zentrum dieses Kreises aus Liebe, Licht und Heilung bist.

Erlaube dem Licht, sich weiter auszudehnen, bis es über Kontinente und Meere hinwegwächst und alle Menschen auf dem Planeten berührt.

Berühre die Regenwälder, Wüsten, Meere und Seen.

Die Tiere, Vögel, Pflanzen und Bäume.

Kinder, die geboren werden, und alte Menschen, die sterben.

Spüre, wie dein Bewußtsein groß wird und den Planeten mit all der Liebe berührt, die du in deinem Herzen hast.

Und spüre, wie diese Liebe sich ausdehnt bis zum Mond, der Sonne und den Sternen unserer Galaxis.

Bis zu den Monden, Sonnen und Sternen aller Galaxien, überall.

Empfinde das Licht deines Herzens wie ein heilendes Leuchtfeuer der Liebe, das durch die Ewigkeit strahlt und die ganze Schöpfung berührt (pausiere zwei oder drei Minuten).

Wenn du dazu bereit bist, hole dein Bewußtsein und deine Liebe und dein Licht ganz langsam in dein Zentrum zurück.

Kehre langsam durch die Galaxien, unsere Galaxis auf diesen Planeten zurück.

Über Kontinente und Meere, Menschen und das Reich der Tiere.

Hole dein Bewußtsein und deine Liebe und dein Licht zurück zu dir selbst, zu deinem Herzen, zu deinem Körper. Atme.

Erlaube dir, in diesem tiefen Zustand der Liebe und des Lichts zu bleiben, solange du willst, und erst wenn du dazu bereit bist, öffnest du die Augen, nachdem du bis zehn gezählt hast: eins, zwei, drei, vier, fünf, sechs, sieben, acht, neun, zehn.

Ich verneige mich vor der Gottheit in dir. *Namaste* wird in Indien für beides verwendet, zur Begrüßung und zum Abschied. Die Person, die es sagt, legt die Hände zusammen – Handfläche an Handfläche, vor dem Herzen, und verneigt sich vor dem anderen. Es ist eine reizvolle Art, die Gottheit im anderen zu ehren und sich an die eigene zu erinnern.

Heilmeditationen sind wie Lichtsamen, die in deine Seele gepflanzt wurden. Wenn du ihre Möglichkeiten hegst und pflegst, kannst du zu einem völlig neuen Menschen werden. Das braucht Zeit, Ausdauer, Geduld und Selbstliebe. Das Heilen ist ein lebenslanger Prozeß. Wir alle hätten es lieber, es passierte sofort, aber die Schönheit der Verwandlung liegt in ihrer Entfaltung. Wie überall in der Natur gibt es dabei Wachstum, Veränderungen, Fülle und neues Leben.

Ich möchte dich dazu ermuntern, dein Leben als eine spirituelle Reise anzusehen und Heilen als einen geistigen Pfad. Hast du den Weg gewählt, hat deine Reise eine Richtung. Alles, was sich entlang dem Pfad zeigt, wird zum Abenteuer und zu einer neuen Entdeckung. Meine Studenten haben mich manchmal gefragt, wie das ist, Heiler zu sein. Ist es auch einmal langweilig? Niemals. Jeder Tag bringt neue Offenbarungen und Schönheiten, tiefere Einsichten und Heilung, größere Liebe und Frieden. Die Gaben einer reichen Seele sind niemals langweilig. Sie sind wie vergrabene Schätze, die darauf warten, ausgegraben und ans Licht geholt zu werden, wo ihr Glanz erstrahlt und dich daran erinnert, daß du den mächtigsten aller Heiler in dir trägst. *Namaste.*

Danksagung

Diese Meditationen sind eigentlich für meine Studenten und Patienten gedacht, die mit dem Herzen zuhörten und sie in ihre Seele aufnahmen. Ihnen bin ich zutiefst dankbar. Die jahrelange Entwicklung des Ausbildungsprogramms TOUCHING SPIRIT® und zahllose private Sitzungen halfen dabei, die Facetten dieser Meditationen zu schleifen, die so zu Diamanten von Kraft und Schönheit wurden, die nur darauf warten, das Licht eines Menschen in sein Bewußtsein zu reflektieren.

Ich möchte Caroline Sutton danken, meiner unerschütterlichen Lektorin. Sie trug zu Klarheit, Verbesserung und Entwurf dieses Buches bei.

Dank auch an Jackie Seow, dem Art Director von Simon & Schuster. Sie leistete großartige Arbeit und entwarf die Umschläge für die Hardcover-Ausgaben von *Touching Spirit* und auch von *Seeds of Light*.

Nini Gridley, eine Lehrerin des Ausbildungsprogramms, las das Manuskript von *Seeds of Light* mit großer Sorgfalt und Liebe. Sie machte zahlreiche wertvolle Vorschläge zu Inhalt, Stil und Wortwahl.

Besonders dankbar bin ich Carolyn Reidy, der Leiterin von Simon & Schuster, die an beide Bücher glaubte und mir Gelegenheit gab, meine Träume in die Realität umzusetzen.

Meine Agentin Lynn Nesbit unterstützte diese Heraus-
forderung mit viel Verständnis und geistiger Großzügig-
keit.

Wie immer sorgte meine Mutter Karin Elizabeth Wallen
Stratton für das Fundament aus Kraft und Liebe, ohne das
ich niemals hätte werden können, was ich werden wollte.